LEANDRO MOREIRA

SEJA UM LÍDER DE HERÓIS

COMO **TRANSFORMAR** SUA **EQUIPE** EM UM ESQUADRÃO **IMBATÍVEL EM TUDO** O QUE FAZ

Diretora
Rosely Boschini

Gerente Editorial
Rosângela Barbosa

Assistente Editorial
Audrya de Oliveira

Controle de Produção
Fábio Esteves

Preparação
Laura Folgueira

Projeto gráfico e Diagramação
Vanessa Lima

Revisão
Vero Verbo e Vivian Souza

Capa
Lucas Araújo

Impressão
Loyola

Copyright © 2019 by Leandro Moreira
Todos os direitos desta edição são reservados à Editora Gente.
Rua Natingui, n° 379 – Vila Madalena
São Paulo, SP – CEP: 05443-000
Telefone: (11) 3670-2500
Site: http://www.editoragente.com.br
E-mail: gente@editoragente.com.br

Dados Internacionais de Catálogo na Publicação (CIP)
Angélica Ilacqua CRB-8/7057

Moreira, Leandro
    Seja um líder de heróis: como transformar sua equipe em um esquadrão imbatível em tudo que faz / Leandro Moreira. – São Paulo: Editora Gente, 2019.
    256 p.

ISBN 978-85-452-0327-8

1. Liderança 2. Administração de pessoal I. Título

19-1114   CDD 658.4092

Índices para catálogo sistemático:
1. Liderança

SUMÁRIO

PREFÁCIO – PAULO VIEIRA 4

CAPÍTULO 1
HERÓI DAROS, O PROFESSOR 17

CAPÍTULO 2
HERÓI U3D, O APAIXONADO 53

CAPÍTULO 3
HERÓI ADLER, O EXPERIENTE 105

CAPÍTULO 4
HEROÍNA ALANA, A DEFENSORA 131

CAPÍTULO 5
HEROÍNA NEELIE, A INSPIRADORA 159

CAPÍTULO 6
HERÓI OVERLOAD, O GESTOR 187

CAPÍTULO 7
HERÓI KLAUS, O VISIONÁRIO 223

PREFÁCIO

Você já parou para se perguntar o que pode levar o seu time a outro nível, a um nível de excelência? Será que você chamaria os seus liderados de heróis? O que precisa ser desenvolvido em você para que eles cheguem ao mais alto nível de performance? O que você tem feito para manter seu time de heróis motivado e satisfeito? Se não se colocar no lugar deles nem se esforçar para entender suas necessidades, como você acredita que irá extrair a máxima performance do time?

Eu acredito verdadeiramente que a equipe é a cara do líder; logo, se você quer ter a melhor equipe, que entrega os melhores resultados, a mudança de atitude deve começar por você. É o seu nível de paixão, de foco e o quanto está disposto a assumir uma postura de aprendiz, de alguém que está sempre disposto a corrigir os próprios erros, que fará você capaz de levar o maior número de pessoas ao seu lado.

Cumprindo uma missão de inspirar, ensinar e transformar pessoas, Leandro Moreira, autor desta obra (a quem tenho a honra de chamar de amigo), mostra perfis de líderes e liderados que o ensinarão por meio do exemplo como tomar as atitudes certas para tornar equipes comprometidas, autogerenciáveis e focadas.

Herói da vida real, Leandro passou a enfrentar seus desafios ainda na adolescência. Aos 15 anos, começou a vender sacolé e a lavar carros, dentre diversas outras atividades, tudo com o intuito de ter um futuro diferente dos adolescentes de sua vizinhança e poder investir em suas ideias empreendedoras. Desde muito novo, ele não aceitou ser levado pela maré, resolveu assumir o controle do próprio barco e ser levado por bons ventos.

Hoje, empresário de sucesso no ramo da educação e criador de mais de vinte marcas, ele está aqui para ajudá-lo a mudar sua mentalidade e a conquistar objetivos como líder. Sendo alguém verdadeiramente apaixonado pelo que faz, ele busca incansavelmente todos os dias ser melhor e levar outras pessoas no mesmo caminho, algo essencial para construir não só uma grande empresa, mas um grande legado.

Assim, com base na própria experiência e até no universo de sua empresa, Leandro trouxe para o livro que você tem em mãos um conhecimento único, fundamentado em uma história de aprendizado e crescimento, essencial para quem busca desenvolver a si próprio para se tornar um líder de excelência e muito sucesso.

Cada capítulo traz um perfil de líder, apresentando diferentes personagens e possibilitando que você possa se reconhecer em um ou mais deles. Com os personagens Daros, Adler, Alana e outros, é possível entender quais habilidades você precisa desenvolver e potencializar características que já tem para se tornar um profissional de alta performance com uma gestão de excelência.

Entre as várias características apresentadas como essenciais, está, por exemplo uma conexão profunda e verdadeira com seus liderados, de olho no

PREFÁCIO

olho e confiança. Essa conexão é possível quando o líder tem a capacidade de se importar com seus liderados, conhecer os perfis de cada um, entender suas necessidades e otimizar as características que já estão presentes nas pessoas.

As equipes são retratados no livro como heróis; afinal, um líder de excelência desenvolve em si competências para conduzir pessoas que possuam "superpoderes". O que não significa ser perfeito, mas assumir uma postura de quem está sempre aprendendo, buscando conselhos, sendo humilde e se permitindo ser vulnerável. Pois quando as pessoas assumem que são vulneráveis, que não sabem de tudo, que não têm todas as respostas, elas se permitem, enfim, aprender umas com as outras.

E como costumo dizer, todos nós somos líderes de alguém em algum momento. Estamos sempre inspirando uns aos outros, mesmo que não percebamos. Assim, este livro é uma peça fundamental na evolução da carreira não apenas de pessoas que exerçam cargos de gestores, mas para toda pessoa que busque crescer e alcançar alta performance profissional.

Mergulhe nas próximas páginas, leia este livro quantas vezes forem necessárias para que sua mente absorva esses ensinamentos, inspire-se no conteúdo aqui compilado para que você seja agente da própria evolução. Acima de tudo, transforme esses conhecimentos em ações e seja não apenas o líder que sua equipe de heróis merece e precisa, mas também aquele que você realmente deseja ser.

Boa leitura! E um grande abraço!

Paulo Vieira

Presidente da Febracis Coaching Integral Sistêmico, Master Coach, PhD em Business Administration e autor do best-seller O Poder da Ação

INTRODUÇÃO

Certa vez, em uma noite de comemoração com os funcionários pelos recordes alcançados e o crescimento explosivo da empresa, realizamos um evento num teatro, com diversas premiações, música, dança e jogos; ao final, eu deveria levar uma mensagem para todo o público presente. Em vez de, como de costume, preparar a palavra com esboços e slides, eu queria que fosse algo espontâneo e com a essência daquilo em que acredito firmemente. Chegando ao local, muitas surpresas tinham sido preparadas em um ambiente bem vibrante. No salão de recepção ao lado havia lindas rosas compondo as mesas e, numa salinha separada, "a bagunça" dos preparativos, com diversas coisas espalhadas. No meio disso tudo, encontrei pelo chão algumas rosas murchas e quase destruídas. Aquela imagem ficou na minha cabeça, mas retornei ao salão do teatro principal, onde o evento ia começar. Próximo ao momento da minha mensagem, voltei àquela salinha, peguei uma daquelas rosas murchas e subi no palco para falar. Naquele instante, com certeza muitos se perguntavam por que eu entrara com uma rosa murcha, já que havia tantas rosas lindas no ambiente. Coloquei a rosa sobre o púlpito e trouxe a reflexão do que seria o mais importante para uma empresa, uma equipe ou uma instituição atingirem seus objetivos com sucesso. O esperado certamente seria que eu abordasse técnicas de gestão, ferramentas para alavancar os negócios, marketing etc. Não que essas coisas não sejam importantes, até porque eu já havia palestrado diversas vezes sobre esses assuntos em nosso treinamento semanal de liderança, mas havia algo muito mais poderoso do que isso. Um segredo enraizado. Mencionei que vários palestrantes sempre falavam sobre esses assuntos como fórmulas de sucesso, e que seus seguidores tentavam seguir a teoria, a técnica, o conhecimento, mas muitas vezes não praticavam ou até tentavam praticar, mas não conseguiam. Peguei novamente a rosa e perguntei se estava feia. As pessoas riram, e continuei: "É uma rosa que talvez tenha sido maltratada, talvez ninguém tenha investido nela, por isso, perdeu a vida".

Eu disse que o que muitas pessoas não entendem no meio empresarial é que, quando a gente fala sobre pessoas, usa exemplos como esse (e mostrei a rosa). Como a rosa perdeu a vida, muitas pessoas também perderam. Ela existe, mas perdeu a vida. E há muitas pessoas que andam para lá e para cá, fazem as coisas, trabalham, ganham dinheiro, mas perderam a vida. Há muita gente com muito conhecimento, duas, três, quatro faculdades, e que não consegue obter resultados. E me questionam: como você consegue ter resultados? Como consegue multiplicar dessa maneira? O que acontece?

A primeira resposta é: VIDA! Porque a maioria dos funcionários, quando chega à empresa, chega como a rosa murcha – que continuei mostrando. E a maioria dos funcionários que entra em qualquer empresa chega com vícios de outras companhias, cheios de traumas, receios, problemas e angústias; fechados, ouvindo só notícia ruim na televisão, relatos de mortes... A pessoa vai ficando melindrada e medrosa. Isso acontece muito! No entanto,

INTRODUÇÃO

quando falamos de pessoas, falamos de transformação e vida. E o maior investimento de uma empresa não é em estrutura, é na vida. Então, quando pegamos alguém numa situação assim, nosso desejo e objetivo é gerar alegria em vez de tristeza, é fazer a pessoa descobrir o real sentido da vida, porque a pior coisa que existe é a tristeza. E quando você gera alegria, tudo muda! E nossa função, como pessoas de visão, é transformar esse morto em algo mais vivo, mais bonito (como uma rosa linda), para que ele possa transmitir a outros o motivo de ter ficado assim. Somente quando está assim (então, mostrei uma rosa cheia de vida) é que se consegue influenciar os outros. Naquele momento, falei ainda sobre a diferença entre agir com o coração e agir apenas com a razão, e abordei o tema "o poder do desejo". O fato é que esses pontos são apenas a parte de fora, o exterior, o que dá para ver na pele. Entretanto, para conceber isso, existem sentimentos e valores preciosos que fincam estacas no coração dos funcionários gerando, além de impulsão nas ações, gratidão.

Ao longo dos anos, uma das perguntas mais frequentes que recebi foi qual é a fórmula para fazer negócios ou equipes prosperarem. O interessante é que esse assunto é sempre alvo daqueles que querem obter êxito ou enriquecer, mas poucos atentam para o que de fato é o alicerce de qualquer crescimento. Frequentemente, observo empresas criando incontáveis estratégias com o intuito de produzir resultados. No entanto, o que realmente vejo são desgastes e investimentos desequilibrados, pois o principal combustível que move tudo não existe nas pessoas: **a paixão**. A paixão é capaz de mover toda uma equipe a quebrar recordes atrás de recordes. A paixão pela liderança tem de ser profunda. E isso não se vende em farmácia nem se ensina nas faculdades. Uma empresa levanta ou cai pela atitude de quem está

> **A PAIXÃO É CAPAZ DE MOVER TODA UMA EQUIPE A QUEBRAR RECORDES ATRÁS DE RECORDES. A PAIXÃO PELA LIDERANÇA TEM DE SER PROFUNDA. E ISSO NÃO SE VENDE EM FARMÁCIA NEM SE ENSINA NAS FACULDADES.**

na liderança. Se a coisa não está boa durante sua gestão, inevitavelmente a culpa é sua. Quando uma equipe não sabe o que fazer, é um sinal de que o líder não sabe ensinar. Um líder não pode falar a uma multidão se não conectar os corações.

Em primeiro lugar, uma liderança forte e de excelência se constrói INSPIRANDO vidas. E ninguém consegue isso sem estar envolvido em uma verdadeira história de lutas e conquistas. Depois de inspirar, a segunda etapa é ENSINAR. Inspirar não é suficiente para formar novos líderes, é apenas o primeiro passo. Ensinar é o alicerce para deixar um legado. E depois que você INSPIRA e ENSINA, tudo o que faz TRANSFORMA o ambiente e as pessoas de maneira positiva e crescente.

Existem segredos poderosos ao longo deste livro, que mostrarão a diferença entre líderes que têm seguidores e líderes que formam líderes, além das consequências positivas de se investir em vidas de verdade. Desde Jesus, o maior líder de todos os tempos, até qualquer líder que faça diferença na sociedade, não existe possibilidade de deixar um legado sem preparar verdadeiros heróis para vencer. E nesse time de heróis, cada um tem a habilidade de potencializar sua missão, seja por meio de estratégias de gestão,

INTRODUÇÃO

seja por sentimentos que geram crescimento e defesas que protegem a garra para ser invencível (mesmo diante dos imprevistos).

Há várias coisas que o dinheiro pode comprar ou que qualquer concorrência pode imitar (como tecnologia, inovação, sistemas, programas, estruturas etc.), mas pessoas comprometidas e grandes líderes só podem ser gerados por meio de uma visão implantada por um líder inspirador. E, nesses casos, o dinheiro é apenas um detalhe. O fato é que muitos líderes se esquecem de que, se quiserem fazer algo grandioso, não conseguirão sozinhos. Precisam de uma equipe. A melhor equipe do mundo!

Nesse processo, ignorar a realidade em que a sociedade vive é ter certeza de que não conseguirá se comunicar com ela e, por consequência, não formará uma equipe de valor. Seja ao montar um negócio, liderar uma equipe, ter sucesso na carreira, cuidar da própria casa ou da própria vida, é impossível obter êxito com equilíbrio e prosperidade sem entender o mundo de hoje e suas muitas mudanças. E foi justamente a partir desta extrospecção que alguns questionamentos meus começam a nortear este livro. Como lidar no mercado globalizado, conectado com as redes sociais e desconectado com o próximo, para atingir resultados expressivos em gestão de negócios ou liderança de equipes? Como estabelecer um relacionamento duradouro com equipes ou projetos em um mundo de pessoas imediatistas, inquietas e superficiais? Como montar seu esquadrão de heróis? Como ter uma jornada triunfante e divertida na liderança, deixando um legado?

Gosto sempre de enfatizar que liderança não é um cargo, é um posicionamento, uma expressão de quem você é de verdade. Muitos administradores, empresários ou líderes acreditam no famoso ditado: "O olho do dono engorda o gado". Mas seria isso uma realidade absoluta?

Aos 22 anos eu era gerente de uma empresa na qual chegava às 7h da manhã e saía às 22h. O proprietário dizia que eu tinha de estar lá sempre, afirmando que os funcionários só trabalhavam quando o líder estava por perto. Mesmo entendendo a importância da presença na empresa, aprendi por meio de experiências que existe algo mais poderoso que isso: **o legado**. Mas como deixar um legado? Existe uma diferença muito grande entre líderes que formam meros seguidores e líderes que geram outros líderes. Entendi que, para crescer, eu precisava multiplicar as pessoas. No entanto, como fazer isso? Aos 18 anos, eu era membro de uma igreja bem simples em Niterói. Depois de algumas reuniões me foi concedida a oportunidade de ser o líder dos jovens e professor da escola dominical dedicada a eles (uma escola que não existia até então). Eu tinha uma pergunta em minha mente: como levar jovens moradores de uma cidade praiana, em pleno domingo de manhã, a uma igreja onde quase não havia outros jovens? Chamar um deles para ir à igreja no domingo pela manhã era a certeza de um não. Foi quando percebi que precisava trabalhar em cima das expectativas das pessoas para gerar um resultado, implantar uma cultura e trazer uma visão. A igreja não liberava nenhum recurso financeiro e eu, com apenas 18 anos e no meu primeiro emprego, ia aos cultos com meu único bem da época: minha bicicleta. No primeiro domingo, o cenário não foi nada motivador. Muita chuva, apenas três jovens, e a igreja não tinha separado nenhum local para eu poder dar a aula. Improvisei um local embaixo de uma pequena marquise, colocando os presentes sentados um atrás do outro. Essa foi minha primeira experiência com um grupo e liderando pessoas. Com isso, criei diversas estratégias: nome da classe dos jovens para gerar orgulho, atividades externas como jogar futebol, vôlei na praia, churrascos, saídas ao cinema etc. Essas atividades atrairam amigos dos membros que nos visitavam com

INTRODUÇÃO

frequência. O mais interessante é que essas atividades tinham um alto controle, valendo pontuações, estimulados por um ranking que todos acompanhavam, com direito a premiações (que eu mesmo dava, como caixas de bombons) e validação, estimulando ainda mais o crescimento do grupo. Resumindo, em três meses a classe dos jovens da escola dominical já tinha mais de setenta alunos frequentes, obrigando a igreja a conseguir um espaço em um colégio que havia ao lado para as aulas. O mais importante disso é que, dali, várias pessoas se tornaram líderes seguindo sua jornada até os dias de hoje.

Voltando aos meus 22 anos, o novo desafio era com os funcionários. Porém, quando lidamos com pessoas, só precisamos adaptar as paixões. Nossa vida é marcada por processos, e nossas vitórias são marcadas pela maneira como lidamos com eles. Criei na empresa um treinamento de liderança que ocorria toda sexta-feira pela manhã. Parávamos tudo para aprender sobre ética profissional, valores, princípios, culturas etc. No início, fui criticado por gente de fora que dizia que eu estava pausando o expediente da empresa para dar "aulinhas motivacionais". Todavia, eu sabia que uma pessoa só precisa de alimento para estar forte e vencer qualquer obstáculo. Assim, teríamos pessoas melhores em todos os segmentos de sua vida. Pois sendo um bom pai, um bom filho, um bom cidadão, um bom funcionário, os resultados fluiriam em todos os sentidos. Afinal, exigir que um funcionário seu atenda bem sem se preocupar em instruí-lo sobre como viver melhor

> **EXIGIR QUE UM FUNCIONÁRIO SEU ATENDA BEM SEM SE PREOCUPAR EM INSTRUÍ-LO SOBRE COMO VIVER MELHOR É QUASE UMA INSANIDADE.**

é quase uma insanidade. O resultado não poderia ter sido diferente: o crescimento pessoal da equipe foi assustador.

Além de diversas experiências fortes e dicas de gestão, este livro trará segredos preciosos e riquezas profundas capazes de formar uma equipe indestrutível, geradora de resultados em todos os espaços onde atuar. Também mostrarei características necessárias para um time se tornar completo, onde a ausência da habilidade de um integrante da equipe poderá ser suprida pela eficiência de outro. A linguagem utilizada começa com a apresentação do nosso ESQUADRÃO Z. Cada herói retrata a força de uma equipe unida e eficaz que multiplica a visão da missão e impede que ervas daninhas cresçam e contaminem os outros. A trajetória deste livro vai levá-lo a uma viagem de aprendizados ensinados por DAROS, O PROFESSOR; descobriremos os motivos das batidas fortes e constantes do coração do U3D, O APAIXONADO; seguiremos aprendendo com as estratégias e a paciência do ADLER, O EXPERIENTE; veremos a força e a ação da ALANA, A DEFENSORA; conheceremos o poder da autodisciplina e atribuições da NEELIE, A INSPIRADORA; sobre o domínio das técnicas de negócios, OVERLOAD, O GESTOR, dá um show; e para concluir o time, o líder KLAUS, O VISIONÁRIO, vai expandir suas ideias, sua paixão e seu conhecimento com o poder de servir e a vontade de deixar um legado para todos ao seu redor. Você não apenas vai aprender a liderar uma equipe vencedora, mas também será desafiado a se tornar um líder de heróis.

Este livro é destinado a gestores, líderes e a todas as pessoas que sentem forte necessidade de aprender a liderar com eficácia a própria vida. Afinal, toda liderança começa com o entendimento de que sem ser líder de si mesmo, jamais avançará e conquistará seu sonho. Digo e repito: o propósito é maior que a proposta!

CAPÍTULO 1

O PROFE

HERÓI
DAROS

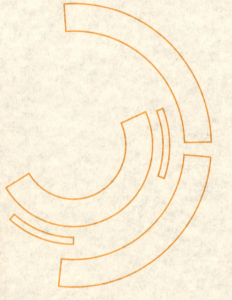

AS HABILIDADES DE DAROS

São 8h da manhã e uma equipe fora do comum, o Esquadrão Z, foi convocada para uma reunião de urgência às 9h. Todos são pontuais, ágeis e dinâmicos. A pauta do encontro é como conhecer o coração dos liderados. Daros, o professor, é o que se destaca nessa reunião por sua educação diferenciada e sua habilidade de lidar com os futuros integrantes do esquadrão. Essa história parece surreal, mas não é: a experiência de vida de Daros se manifesta na sua capacidade de entender os públicos interno e externo da organização; ele é firme e responsável em suas decisões, é feroz na luta contra o mal do comodismo, despertando todos ao seu redor para que não caiam nessa armadilha. Ele tem a percepção exata dos pontos fortes e fracos de cada um da sua equipe para poder fortalecer os pontos fortes, e também é totalmente regado de compreensão, e empatia e tem uma abordagem única.

Já parou para pensar que as características desse líder podem estar em você que é um gestor, um professor, um profissional liberal, um funcionário público, um empreendedor, um pai, uma mãe ou um aluno, e que não está desenvolvendo seu potencial? (Aproveitando: uma das frases que mais me trazem repulsa a respeito de uma pessoa é: "Fulano não está desenvolvendo o seu potencial".) O professor sabe exatamente o que fazer para que seu potencial seja desenvolvido na prática, porque ele é bom em ouvir e contar histórias, e essa estratégia é poderosa em relacionamentos com equipes. Ele se conecta com as pessoas em nível máximo e ganha a confiança e o coração delas. Assim, consegue ajudar seus liderados a mudar suas atitudes negativas para atitudes positivas, para permanecerem em processo de constante crescimento.

Sabemos que nosso inconsciente e nossas emoções afetam o nosso modo de vida, nossas tomadas de decisão e, por consequência, resultam em sucesso ou fracasso. A questão não se resume apenas a ensinar ferramentas; o propósito é transformar a vida das pessoas no âmbito social e comunitário. Então, fazemos as seguintes reflexões: é fácil transformar a vida de alguém? É possível mudar a vida de uma pessoa sem se conectar com ela?

Transformar vidas e fazer alguém romper com maus hábitos e crenças erradas não é tarefa fácil, mas é possível, e vivemos essa experiência no nosso dia a dia. Uma questão importante que deve ser analisada é que na época em que vivemos, a chamada era da pós-modernidade, tudo é relativo, e as pessoas estão cada vez mais sem referências por serem, em muitos casos, superficiais e inconstantes. É necessário analisar a história de vida dos colaboradores da organização para entender seus dramas, suas conquistas e seus anseios, e assim

> **TRANSFORMAR VIDAS E FAZER ALGUÉM ROMPER COM MAUS HÁBITOS E CRENÇAS ERRADAS NÃO É TAREFA FÁCIL, MAS É POSSÍVEL.**

estabelecer uma conexão real e profunda com eles. Como um grande analista, Daros entende que jamais conseguiremos nos conectar com as pessoas do século XXI sem antes compreender como elas pensam – e destacaremos essa característica neste capítulo. Imagine um médico diagnosticar um paciente sem ao menos conversar com ele sobre os seus sintomas, examinar seu corpo e conhecer seu histórico de doenças. É impossível. Da mesma maneira, é essencial entender como as pessoas pensam para compreender suas ações e reações.

Quando Daros está em ação, um fator superimportante é perceber se o indivíduo com quem ele está lidando quer mesmo melhorar e crescer. Sem decisão e convicção do colaborador em querer ser transformado, o líder começa a se desgastar com um liderado rebelde, desajustado e fadado ao complexo de vitimização (assunto que vamos abordar daqui a pouco). O ideal é ensinar o colaborador a tomar comando da própria vida, com seus sentimentos alinhados à missão da organização, que deve ser gravada no seu coração e pulsar nas suas veias.

Um dos incríveis da minha equipe assume muito bem esse papel de Daros. O professor é detalhista, ouve bastante e não fala muito, mas tudo o que fala dá certo. Se você não for um líder com essas características, é importante que tenha alguém como ele no seu time.

HISTÓRIAS SOBRE CONEXÕES QUE TRANSFORMAM VIDAS

A grande sacada de uma gestão que prioriza o ânimo do colaborador em desempenhar seu papel na empresa é entender que o poder da liderança está na comunicação. Para que ela seja eficaz, isto é, para que o receptor entenda exatamente as ideias e as motivações do transmissor, é necessário que o gestor, o líder, conheça os pensamentos e os costumes do público com quem se comunica. Na chamada cultura colaborativa, muitas organizações entendem com perfeição esse processo de estreitar o relacionamento com funcionários, clientes e servidores, estabelecendo uma conexão que acompanha os indicadores de vida e estabelece uma comunicação contínua, que resulta na qualidade dos serviços prestados e no crescimento dos indicadores da empresa.

A minha percepção sobre a importância de se conectar com a minha equipe de acordo com a hierarquia da organização vem de muito cedo. Quando ainda nem tinha muito conhecimento técnico sobre o assunto, eu já percebia que a equipe caminhava motivada e se sentia valorizada quando eu parava para olhar nos olhos de cada um e conhecer suas histórias de vida. Respeitar o ser humano, entender seus pensamentos sobre determinados assuntos e mostrar interesse em conhecer suas dores, suas alegrias e seus sonhos é como criar raízes sólidas em uma parceria em que todos lutam pelo mesmo bem comum de um projeto que vai beneficiar milhares de pessoas. Aos 23 anos, eu já liderava uma equipe de cerca de quarenta funcionários, e eu conhecia a todos. Tive vários momentos de diálogo com eles. Sendo metade da equipe composta por mulheres, lembro bem de um dia em que, no decorrer de uma conversa com quatro colaboradoras sobre suas vidas, elas compartilharam que haviam sofrido abuso sexual quando adolescentes. Para mim foi chocante, mas ao mesmo tempo percebi quão importante eram essas conversas e que, de fato, um elo de confiança estava sendo estabelecido entre mim e a equipe. Essas, dentre outras histórias marcantes, fortes e emocionantes, todas inesquecíveis, me ensinaram muito como líder, e pude alavancar os pontos fortes de cada um por conhecê--los e saber com precisão como ajudá-los a superar as fraquezas e as falhas, para crescerem emocional e profissionalmente. Logo, desde muito jovem entendi a necessidade do líder se conectar com seus colaboradores.

> **LOGO, DESDE MUITO JOVEM ENTENDI A NECESSIDADE DE O LÍDER SE CONECTAR COM SEUS COLABORADORES.**

Vou contar outros exemplos significativos sobre conexões que trazem impacto. Em determinada reunião com os diretores e o corpo acadêmico para a premiação do professor destaque do mês, o premiado pediu para dar uma palavra. Com o tom de voz um pouco embargado pela emoção, ele contou que um de seus alunos lhe escreveu uma carta, relatando, entre várias lamentações, sua angústia por querer cometer suicídio, o que desejava fazer naquele dia. Depois de ler a carta, o professor não hesitou em, na mesma hora, procurar esse aluno na sala de aula e chamá-lo para uma conversa. Ele investiu todo o seu tempo em ouvir e depois usou palavras pontuais de encorajamento, esperança e perspectiva de vida. Para nossa alegria, nenhuma tragédia aconteceu e esse aluno até hoje é eternamente grato ao professor. Após aplausos de todo o corpo acadêmico por uma atitude tão nobre, uma das diretoras relatou o seguinte:

"Em uma tarde de quinta-feira meu celular tocou. Era uma pessoa comunicando que uma aluna havia sofrido um ataque epilético no meio de uma loja, fora da escola. Fui ao encontro dessa jovem para socorrê-la onde ela estava. Chegando lá, eu a encontrei desmaiada e a direcionei para o atendimento médico. Depois do ocorrido, pude me aproximar mais dela e, com a confiança que passou a ter em mim, ela desabafou sobre diversas coisas, entre as quais o fato de que havia passado por abuso sexual, o que ninguém sabia. Ela contou que cortava os próprios pulsos e tinha problemas de relacionamento em decorrência de sua orientação sexual, além de crises existenciais. O mais assustador é que ela chegou a escrever uma carta de despedida depois de pensar em suicídio. Na carta, incluiu meu nome como uma das pessoas que mais admirava, pela ajuda quando precisou. Percebi a enorme carência de afeto dessa moça e, graças à nossa aproximação, pude demonstrar mais cuidado e carinho por ela. Agradeço a Deus porque tudo isso passou e hoje ela está bem, me agradece muito por todo o cuidado e me chama de mãezona. Essa experiência me marcou e percebo quanto é importante estabelecer uma conexão de confiança entre aluno e professor. E dessa maneira podemos oferecer apoio para aqueles que necessitam de suporte emocional para prosseguirem sua jornada", concluiu a diretora.

Para minha surpresa, vários profissionais começaram a citar fatos como esses, e compartilharam que há muitos casos semelhantes no seu dia a dia. É notável que grande parte dos jovens está se automutilando ou pensando em suicídio para aliviar seu sofrimento interior. Com tudo isso, compreendi que não se pode dizer o que é melhor para a vida de alguém sem antes conhecer o coração dessa pessoa. É claro que a função dos líderes e liderados de uma empresa é gerar resultados, não ser um assistente social ou terapeuta, porém analisar o perfil de cada colaborador e apoiá-lo quando necessário é fundamental para que os sonhos caminhem juntos.

Um ponto muito importante: ao ouvir as histórias das pessoas e conectar-se com elas, o ouvinte jamais, em hipótese alguma, pode contar para alguém as experiências relatadas. Isso porque, se um dia sua confiança for quebrada, você não a terá de volta.

O CENÁRIO ATUAL

Dados divulgados pelo Ministério da Saúde mostram que o índice de suicídios cresceu no Brasil nesta segunda década do século XXI. Segundo a pasta, trata-se da quarta maior causa de mortes entre jovens de 15 e 29 anos. Segundo dados da OMS (Organização Mundial de Saúde), a depressão afeta 4,4 a cada 100 mil pessoas no mundo, e 5,8 no Brasil. O país, segundo a pesquisa, é o que tem maior prevalência de depressão da América Latina e o segundo com maior prevalência nas Américas, ficando atrás só dos Estados Unidos, que têm 5,9% de depressivos e é o país com maior prevalência de ansiedade no mundo: 9,3% a cada 100 mil pessoas.[1] Com esses dados, comprovamos que os jovens em sua fase produtiva estão sendo tomados por falta de resiliência e por não saberem lidar com as frustrações, e assim se entregam às mazelas de suas dores e carências e ao desânimo. Esse quadro se reflete nas corporações, que acabam não formando equipes estáveis em decorrência da inconstância e da mudança do quadro de profissionais.

Pelas experiências vividas nas minhas observações, depois de ter entrevistado vários candidatos para cargos em posição estratégica da empresa, um dos discursos mais comuns entre profissionais em busca de novos empregos, independentemente da experiência, é a famosa reclamação de

---

[1] MACIEL, Victor. *Novos dados reforçam a importância da prevenção do suicídio.* [S. l.], 20 set. 2018. Disponível em: <http://www.saude.gov.br/noticias/agencia-saude/44404-novos-dados-reforcam-a-importancia-da-prevencao-do-suicidio>. Acesso em: 3 jun. 2019.

que há falta de oportunidades por causa das desigualdades sociais. Para essas personagens, a "culpa" é sempre do governo, do sistema econômico, da educação precária, da família desajustada, do mercado de trabalho, do empresário que "enriqueceu roubando", do local onde nasceu, da Igreja e por aí vai. Na mente de quem pensa assim, o mundo e as pessoas ao redor estão todos errados e ele sempre tem a razão. Esse indivíduo tem um terrível complexo de vítima por não tomar a responsabilidade para si e não se esforçar o suficiente para conquistar seu espaço e cumprir seu propósito de vida. Na verdade, esse tipo nem sabe o que quer da vida e, na maioria das vezes, quando possui profissão, a escolheu pensando apenas no dinheiro ou no comodismo, o caminho mais fácil. Eu sou totalmente contra esse tipo de discurso e ideia. Não tolero essas personagens transitando nos corredores da organização, pois contaminam o ambiente com essa visão negativa e doentia. Pensando nesse quadro crônico, relato alguns detalhes importantes a respeito desse profissional com complexo de vítima, em contraponto com o protagonista.

COMPLEXO DE VÍTIMA × PROTAGONISTA

De que lado você está?

Para mim o pior tipo de doença não é a do corpo físico, mas a da alma. Vitimismo é a pior "enfermidade" que pode existir e tem o poder de se alastrar e contagiar aqueles que o cercam. O vitimismo é a pior das cegueiras, pois destrói na pessoa a autocrítica, a autoavaliação, o discernimento e a capacidade de avaliação racional das situações e de si mesmo. É o oposto da autorresponsabilidade e do protagonismo. Quem tem complexo de vítima passa parte do tempo prostrado. Um exemplo clássico são as redes sociais, a praça pública onde eles vomitam suas melancolias, tragédias e cenas de horror. Dizem ser defensores do bem, mas na prática compartilham as misérias da humanidade como se fossem porta-vozes das más notícias. O que não aprendem é que o mal conteúdo compartilhado em rede social é sinônimo de propagação e quem propaga o terror está afirmando que essa é sua visão de mundo. Esse tipo de comportamento vicioso gera uma sociedade cética e vitimista.

Pela multiplicação da iniquidade e sua propagação, o amor de muitos esfriará. E é justamente isso que está acontecendo, o amor está esfriando. A incredulidade, ou seja, o ceticismo, é falta de amor, empatia e sensibilidade. O amor é o combustível para todas as áreas da vida: família, amigos, animais domesticados, trabalho. O amor diferencia e traz um brilho único ao olhar de quem é cheio dele. Os complexados não entendem isso, sua desconfiança e insatisfação os fazem ser enfermos emocionais, sempre sedentos por contagiar novas vítimas, ainda que sem perceber, com sua mensagem pessimista. Na maioria das vezes, os vitimistas estão repetindo os ciclos negativos de sua família de origem. No processo de fortalecimento e unidade da equipe, é de extrema necessidade que o líder identifique quem é quem. Para isso, confira as características dos que têm complexo de vítima:

> **NA MAIORIA DAS VEZES, OS VITIMISTAS ESTÃO REPETINDO OS CICLOS NEGATIVOS DE SUA FAMÍLIA DE ORIGEM. NO PROCESSO DE FORTALECIMENTO E UNIDADE DA EQUIPE, É DE EXTREMA NECESSIDADE O LÍDER IDENTIFICAR QUEM É QUEM.**

- São tristes, dramáticos, teatrais, presas fáceis das emoções negativas.
- Sonham com o inatingível. Agem como alguém que não começou a se esforçar para comprar uma bicicleta e já quer ganhar uma Ferrari. Têm uma melancolia sobre os sonhos inatingíveis e sentem inveja camuflada.
- Vivem se comparando com os outros, analisando o que os outros têm e eles, não, o que os outros sabem fazer e eles, não. Não querem trilhar o caminho do sucesso, querem o que o outro tem. Não querem descobrir a essência do coração de uma pessoa bem-sucedida para aprender a trilhar o passo a passo e chegar lá, querem ser a pessoa e querem o que ela tem.
- Sentem-se inseguros em relação à própria identidade, não têm DNA próprio. É a pessoa que já passou por cinco casamentos e o problema sempre é o cônjuge. É o indivíduo que não para em emprego nenhum porque o problema é sempre o patrão. Eles sempre têm um culpado a apontar.
- Praticam a autossabotagem e gostam de ser o centro das atenções em relação aos seus dramas, para que as pessoas tenham pena deles.
- Para salvar a própria autoimagem, inventam histórias e mais histórias para justificar a própria incompetência. Os vitimistas atraem para seu convívio apenas pessoas parecidas com eles.
- Não veem uma solução para cada problema, e sim um problema para cada solução.
- Quando percebem que seus dramas não atraem mais e não são mais novidade em determinado local, mudam-se para outro grupo onde possam atrair novas vítimas, plateias e possíveis salvadores.

COMO AJUDAR QUEM TEM COMPLEXO DE VÍTIMA?

Talvez você questione: o que isso tem a ver com princípios de liderança?

O maior patrimônio de uma empresa ou qualquer projeto são as pessoas. As pessoas que fazem parte da equipe refletem sobre as próprias atividades, agem de maneira estratégica, criam com base em novas ideias, atendem o público e solucionam os problemas. Se na sua equipe houver pessoas vitimistas, a possibilidade de conquistar vitórias diminui de maneira absurda. Além disso, a famosa contaminação da equipe pela maçã podre infelizmente é algo que de fato acontece. O restante da equipe pode ser mal influenciada por essa atmosfera de reclamações e futilidade. Isso impede que qualquer sonho seja realizado, pois as percepções de si mesmo e as do ambiente, bem como as palavras pronunciadas sobre esse modo de enxergar tudo ao redor, têm o poder de trazer vida ou morte às pessoas e, portanto, à empresa.

Para eliminar esse problema e ajudar quem tem complexo de vítima é necessário que essas pessoas sejam confrontadas, não confortadas. Elas precisam de ensinamento, não de uma falsa compaixão que as mantenha no abismo. Estamos em uma época em que jovens e adultos mimados não sabem lidar com o contraditório, não sabem lidar com as próprias frustrações, não respeitam as figuras de autoridade, se fazem de vítimas diante das respostas negativas da vida e desistem muito fácil dos desafios.

Os vitimistas precisam aprender a buscar a excelência, persistindo até vencerem os obstáculos e as provas da vida. Devem parar para se autoavaliar e assumir a responsabilidade por seus fracassos, interrompendo de vez a prática de achar culpados para todas as dificuldades que eles mesmos causam. Têm de ser impulsionados ao crescimento. Devem construir uma rotina de hábitos saudáveis e ser direcionados a encher a mente de conteúdos produtivos e histórias de superação e devem ser incentivados a buscar soluções para os problemas. Precisam banir as reclamações, mentiras e fofocas e começar a cultivar o senso de gratidão e alegria em seus pensamentos e sentimentos.

Diante desses casos, mais uma vez, o líder com as características de Daros identifica os vitimistas e analisa se eles querem mesmo sair desse lugar de vitimização. Entenda que treinar pessoas é o papel mais importante da liderança, mas jamais perca um segundo do seu tempo com quem não quer ser ajudado. Você não precisa ter pessoas perfeitas, e sim pessoas disponíveis a serem moldadas sem resistência e fingimento. O líder tem a função de orientar e corrigir sempre. Não pode perder tempo com um liderado mimado e inconsequente. Ou ele tem maturidade e responsabilidade com a missão maior, ou vai sugar sua energia e desperdiçar seu tempo, que deveria estar voltado para a produtividade e o crescimento do todo.

Não há nada mais cansativo do que se desgastar tentando convencer alguém do que é melhor para ele mesmo. Portanto, uma dica muito valiosa é: analise o real desejo de aprendizagem do seu liderado. Caso não haja, não perca tempo, até porque esse é apenas um dos passos. No próximo capítulo, falaremos da necessidade de capacitação e sentimentos poderosos.

> **NÃO HÁ NADA MAIS CANSATIVO DO QUE SE DESGASTAR TENTANDO CONVENCER ALGUÉM DO QUE É MELHOR PARA ELE MESMO.**

A POSTURA DE UM PROTAGONISTA

O protagonista é um ser resiliente e esperançoso. Ele não se acomoda com os fatos, está sempre em busca de superação pessoal e profissional. Ele sabe que o processo de crescimento é constante e, por isso, acorda todos os dias sabendo que há algo a mais para aprender e é constante no seu crescimento. O protagonista é um eterno aprendiz. Suas características são marcantes e envolvem qualidades intrínsecas. Entre elas destacamos:

- Sente o peso da dor e a supera.
- Autoavalia-se sempre e gosta de superar desafios. Se não alcançou seu objetivo, ele não desiste, mas tenta de novo até conseguir.
- Não é movido pelas circunstâncias. Ele tem convicções.
- Sabe onde quer chegar, tem foco.
- Enxerga o inimigo como algo que faz parte da jornada e deve ser superado. Os adversários existem para percebermos onde podemos nos aprimorar.
- Acredita que os adversários os fazem crescer. A dúvida e a incredulidade dos inimigos a seu respeito são verdadeiras molas propulsoras para avançar ainda mais.
- É altamente positivo e convicto de que vai conseguir.
- Inspira pessoas e deixa um legado a respeito do que fez e conquistou por onde passa. Seus ensinamentos são práticos e ele fala do que vive.

Vamos observar, então, como estamos vivendo e como nossa presença influencia a vida daqueles que nos cercam. A melhor autoavaliação que podemos fazer para não cair na autopiedade e para sermos protagonistas da nossa história é verificar sempre como está nosso relacionamento conosco e com os outros. Pergunte-se: sou saudável emocional e fisicamente? Eu me cuido? Sou tranquilo e prudente? Minha família, meus amigos e colegas de trabalho apreciam a minha presença? Meu cônjuge me admira? As pessoas falam bem de mim? Meus filhos têm confiança e afeto por mim? Eles abrem seu coração para mim como pai ou mãe? Quantos amigos eu tenho? Em quantas portas eu posso bater em caso de uma situação grave?

Se não tivermos emoções equilibradas, com paz interior e quietude, nem amigos, é provável que nossa posição existencial e o papel que desempenhamos na sociedade não sejam os melhores possíveis. Se fossem, com efeito, teríamos serenidade e melhor saúde emocional. Mude, e seu mundo mudará. Já não há mais tempo para se vitimizar e terceirizar culpas; já não há mais tempo para desculpas. Há uma máxima que diz: "Quem é bom em desculpas é péssimo em resultados"; logo, se você não está feliz com os resultados que vem alcançando, é sinal de que algo precisa ser transformado na sua vida.

> O QUE SE VIVE HOJE É FRUTO DA SUA DECISÃO; SE NÃO ESTÁ GOSTANDO DA SUA COLHEITA, MUDE SEU PLANTIO E TERÁ BONS FRUTOS. MUDAR DÓI, REQUER ESFORÇO E SACRIFÍCIO, CONTUDO, A DOR É NECESSÁRIA PARA CRESCER E APRENDER A SER PROTAGONISTA DA PRÓPRIA HISTÓRIA.

Para ser um protagonista da própria história é necessário entender a lei da semeadura. O que se vive hoje é fruto de sua decisão no passado; se não está gostando de sua colheita, mude seu plantio e terá bons frutos. Mudar dói, requer esforço e sacrifício, contudo, a dor é necessária para crescer e aprender a ser protagonista da própria história. Ao final, a colheita dos bons frutos, após a decisão de mudar, será mais prazerosa do que o desconforto do início da mudança. A partir desse princípio, o processo de evolução será constante. Tenha certeza de que ser protagonista da própria história para realizar sua missão lhe trará força e determinação para superar qualquer desafio provocado pela mudança para melhor.

GERAÇÃO CONECTADA

Vamos entender um pouco essa geração?

A intensa busca do marketing por entender o público-alvo e conseguir atingi-lo da melhor maneira criou a necessidade de classificação desses grupos. Há algum tempo, quando nos referíamos a crianças, adolescentes ou idosos, acabávamos generalizando seu comportamento, independentemente do ano em que viveram. Hoje, a velocidade da conexão digital tem desenvolvido características peculiares em adolescentes e jovens, décadas depois de décadas. Os pesquisadores dessa evolução deram às gerações nomes específicos.

A geração X é a primeira a ser denominada, e seus integrantes nasceram, aproximadamente, entre os anos 1960 e 1980. Quem nasceu nessa época é conhecido como filho dos *baby boomers* da Segunda Guerra Mundial (*baby boom* em inglês significa "explosão de bebês" e se refere a uma explosão populacional ocorrida no período referido). A geração X foi muito influenciada pelo comportamento ditado pelos programas de TV, pois o aparelho foi popularizado na época em que eram crianças e jovens. A segunda é a geração Y, também conhecida como geração Millennial. Apesar de não haver um consenso exato a respeito do período de nascimento dessa geração, a maioria dos pesquisadores se refere aos Millennials como pessoas nascidas entre os anos de 1980 a 2000. Muitas empresas não conseguem lidar com funcionários que nasceram nesse período e taxam a geração Y de "preguiçosa, egocêntrica e narcisista". Os que vão além dessa descrição reduzida e direta afirmam ainda que esse grupo não consegue ficar parado em um emprego, depende financeiramente dos pais, é ansioso por promoção de trabalho, é viciado em mídias sociais e sua única paixão é um desejo vago de fama.

A geração Z é definida pela maioria dos autores como integrante ou parte da geração Y, pois o nascimento dessas pessoas é posicionado entre 1990 e 2009. Esses indivíduos estão sempre conectados por meio de dispositivos portáteis. Na sequência, vem a geração Alfa, e para essa geração não há características precisas definidas, a não ser que são os nascidos a partir de 2010. Eles nasceram e nascem em um mundo conectado em rede. Com certeza, essa classificação vai mudar e a tendência desse quadro é o aumento significativo de características.

Conectadas é a palavra mais exata para definir as pessoas das gerações X, Y, Z e Alfa. Seja no celular, *tablet* ou computador, elas são ávidas por novas informações e novos conteúdos. São incentivadas por meio das redes sociais a absorverem o conteúdo de várias fontes, na maioria das vezes irrelevantes, em que navegam todos os dias. Até o processo de assistir à TV mudou, elas são seletivas, veem pouca televisão e canais abertos. Quando assistem, o aparelho está quase sempre conectado ao computador ou a aplicativos com internet, e o conteúdo pode ser escolhido por *streaming*. Esses novos espectadores escolhem o que querem assistir.

No meio desse turbilhão de informações desenfreadas e cada vez mais instantâneas estão diversas pessoas, de todas as idades, buscando novos conhecimentos para se atualizar. Basta observar ruas, empresas e lares: famílias inteiras em um mesmo lugar, todos sempre conectados aos seus celulares. Conheço a história de famílias que substituíram o diálogo pela troca de mensagens digitais dentro de casa. Um exemplo básico é a mãe que está na cozinha preparando o jantar e, quando ele fica pronto, ela avisa os filhos, que estão no quarto, por meio do aplicativo de troca de mensagens. E todos estão dentro da mesma casa!

As pessoas estão cada vez mais mergulhadas nesse mundo digital, e uma grande fatia da população socializa muito mais por redes sociais do que pelo contato pessoal. Como gestor de uma empresa, tenho que perceber essas mudanças de comportamento social e entender que são esses tipos de pessoas que vou atender e com que vou trabalhar. O segredo do líder é ter empatia para ajudar todos.

Ao analisar essas pessoas, percebo que esses internautas, independentemente do dispositivo utilizado, tornam-se quem eles gostariam de ser, criam um personagem para si próprios e se apresentam ao mundo virtual. Comunicam-se online da maneira que lhes convém, usando máscaras. E esse comportamento faz com que tenham uma grande sensação de força e segurança nas redes sociais. Em contrapartida, no mundo real, são percebidos ou taxados, na maioria, como tímidos e introspectivos, embora nem sempre sejam assim.

Esse perfil cada vez mais diversificado é composto por pessoas que selecionam o que querem absorver e são até bem expressivas quando se trata da exposição exagerada na internet. Porém, no dia a dia, acabam encontrando dificuldades em

> **AS PESSOAS ESTÃO CADA VEZ MAIS MERGULHADAS NESSE MUNDO DIGITAL, E UMA GRANDE FATIA DA POPULAÇÃO SOCIALIZA MUITO MAIS POR REDES SOCIAIS DO QUE PELO CONTATO PESSOAL.**

se relacionar com os outros. Esse quadro leva ao que chamo de produtividade isolada. São indivíduos que preferem produzir sozinhos a trabalhar em equipe.

A grande verdade é que as mudanças tecnológicas que aconteceram nos últimos anos trouxeram muitos benefícios, mas sem dúvida junto com essas facilidades e o acesso global a informações veio também um oceano de desequilíbrio emocional e comportamental que tem gerado nos seres humanos de todas as classes sociais reflexos de timidez, insegurança, medo e solidão. Muitas vezes, seus sentimentos são encobertos graças à pressão social e à necessidade de ocuparem um espaço, mas uma hora a bomba explode.

As estatísticas mostram um aumento no número de suicídios e a maior parte ocorre na classe mais rica. Isso comprova que o descontrole emocional não está ligado à condição financeira, mas à dificuldade em lidar com a grande quantidade de informações diárias e à maneira como suportamos as dificuldades naturais que acontecem na vida.

Com tudo isso, vivemos em um mundo emergente preocupante. No atual mundo da conexão digital, em que todos podem dar sua opinião na rede, sendo formadores de opinião ou não – e ainda há aqueles que se alimentam de escândalos, tragédias e imundícies e os compartilham –, torna-se cada vez mais necessária a reflexão e autocrítica. Só dessa maneira é possível avançar em meio a um universo perdido de pessoas sem alicerces em valores e princípios.

Assim como uma semente, quando é plantada, precisa ser cuidada para que cresça forte e se torne uma árvore frutífera, o ser humano também precisa ser estimulado em seus aspectos emocionais, físicos e intelectuais. Você já parou para pensar no que fazer com as pessoas que vão chegar à sua equipe e não são fortes emocionalmente? Já parou para pensar em como vai fortalecer a raiz da sua equipe? Vou falar sobre isso mais à frente, pois existe uma diferença enorme entre dificuldade e limitação. Dificuldade (externa) é uma oportunidade de aprendizado. Limitação (interna) é a incapacidade de desbloquear uma fase ou uma circunstância da vida.

MUNDO EMERGENTE: CAUSAS E SOLUÇÕES

Antes de fechar esse assunto sobre o perfil dos colaboradores conectados e alienados, é necessário mostrar as causas, os efeitos e as soluções. Existem inúmeros motivos para destacar a causa dos problemas, mas citarei apenas três que, para mim, são os mais recorrentes: superproteção dos pais, falta de bons referenciais e falta de propósito de vida.

SUPERPROTEÇÃO DOS PAIS OU RESPONSÁVEIS

A ex-reitora da Universidade americana de Stanford, Julie Lythcott-Haims, escreveu o livro *Como criar um adulto*,[2] no qual alerta sobre os perigos da superproteção dos filhos pelos pais. Segundo a pesquisadora, que tem vasta experiência no assunto, crianças e

> ASSIM COMO UMA SEMENTE, QUANDO É PLANTADA, PRECISA SER CUIDADA PARA QUE CRESÇA FORTE E SE TORNE UMA ÁRVORE FRUTÍFERA, TAMBÉM ACONTECE COM O SER HUMANO COM SEUS ASPECTOS EMOCIONAIS, FÍSICOS E INTELECTUAIS.

---

2 LYTHCOTT-HAIMS, Julie. *Como criar um adulto*: liberte-se da armadilha da superproteção e prepare seu filho para o sucesso. Tradução: Hugo Langone. Rio de Janeiro: Bicicleta Amarela, 2016. Você pode assistir à palestra da autora sobre o tema em: https://www.youtube.com/watch?v-qGMNZ3ZwnAc

adolescentes protegidos em bolhas podem se tornar adultos incapazes de resolver problemas sozinhos e serão emocionalmente infantis. A superproteção dos pais aumenta o risco de a criança se sentir incompetente, sofrer depressão e ansiedade, consequências que muitas vezes podem surgir no longo prazo. Outra análise, feita a partir da revisão de setenta levantamentos com mais de duzentas mil crianças, da University of Warwick, no Reino Unido, revelou que a superproteção aumenta também o risco de as crianças serem vítimas de *bullying*.

Esses adultos refletem a figura de uma criança ou de um adolescente que teve um pai ou uma mãe que sempre o defendia nas brigas da escola, que não aceitava que nenhum professor o corrigisse. Muitas vezes, os pais superprotetores manipulam as escolhas dos filhos, levando-os a fazer o que os pais querem, e o influenciam na escolha da carreira, do namorado ou da namorada, dos amigos etc., boicotando a sua capacidade de escolha. Outro erro muito comum dos pais com esse comportamento é não deixar o filho fracassar, sofrer, enfrentar a dor da perda; por terem tanto medo dos perigos reais da vida, não ensinam o filho a se virar sozinho. Em uma empresa, é fácil perceber quando um funcionário foi criado dessa maneira.

OS PROBLEMAS MAIS FREQUENTES SÃO:

- Não ensinam os filhos a conquistar. Eles vivem na dependência dos pais e se acomodam com essa falsa garantia de que os pais sempre estarão lá para resolver seus problemas de ordem financeira.
- Por serem mimados e pela falta de correção de seus pais, em geral desrespeitam autoridades.

- Querem merecer prêmios e destaques sem se esforçar para conquistá-los.
- Temem a competição e a crítica. Para eles, crítica é sinônimo de agressão física e humilhação, não sabem lidar com isso.
- Não têm poder de decisão. São muito indecisos.

As consequências dessa superproteção estão gerando uma sociedade cada vez mais vitimista.

AS SOLUÇÕES PARA EVITÁ-LOS:

- Quem ama sempre apoia a disciplina. Filhos indisciplinados serão adultos inconsequentes.

Vou citar alguns trechos do livro de Provérbios, o livro da Sabedoria, que podem orientar a respeito dessa questão:

"Quem se nega a castigar seu filho não o ama; quem o ama não hesita em discipliná-lo." (Provérbios 13:24).

"Discipline seu filhos, pois nisso há esperança; não queiras a morte dele." (Provérbios 19:18)

"Discipline seu filho, e este lhe dará paz; trará grande prazer à sua alma." (Provérbios 29:17)

Os textos são bem claros sobre a importância da disciplina e sobre ela ser um ato de amor. Afinal de contas, qual é o pai ou a mãe que deseja ver um filho vivendo na marginalidade? Nenhum, claro. Com certeza, os pais não devem espancar nem violentar os filhos, mas podem corrigir, sim: podem deixar de castigo, podem explicar por que estão recebendo punição e orientar sobre a atitude correta quantas vezes for necessário. A omissão gera estímulos de que a criança não precisa respeitar os pais. O limite vai evitar que o adulto seja inconsequente, rebelde e sem limites. Outro fator importante é que a correção surte efeito na fase da infância, pois é nessa fase que os valores, o caráter e os hábitos são construídos. Certa vez um amigo me disse algo interessante: "Na fase adulta, somos todos um monte de crianças grandes". Com essa frase, ele se referia ao reflexo e às marcas que o nosso aprendizado na infância deixa para vida toda. Se todos os pais entendessem que é no núcleo familiar que tudo começa e que a atenção, os ensinamentos e a correção são triviais para a formação de um adulto saudável emocionalmente e bem resolvido no ambiente de trabalho e em todas as áreas da sua vida, teríamos menos problemas nas organizações.

A carta escrita aos Hebreus no Novo Testamento, contida nas páginas do primeiro livro impresso por Gutenberg na história mundial da imprensa (e que ainda é o livro mais lido no mundo), a Bíblia, também deixa uma reflexão poderosa, que me ensina muito e que compartilho aqui:

"Suportem as dificuldades, recebendo-as como disciplina; Deus os trata como filhos. Pois, qual o filho que não é disciplinado pelo seu pai?"
(Hebreus 12:7)

Pode parecer tão óbvio, mas a importância da disciplina, da correção e da repreensão na infância e na adolescência vão fortalecer muito o futuro jovem e adulto, capacitando-o a enfrentar as dificuldades que surgirem na trajetória da vida e a alcançar suas conquistas com méritos.

Vivemos em uma sociedade em que pessoas com 25, 30, 40 anos são muito frágeis emocionalmente, choram demais, reclamam e desistem com facilidade nas adversidades simples. As adversidades complexas então, não ousam nem tentar enfrentar.

O livro da Sabedoria nos relata que não teremos sofrimento acima daquilo que podemos suportar, portanto, enquanto a experiência que viveu não gerar um aprendizado, você ficará estagnado e preso na mesma fase. Outro ensinamento do mesmo livro é que, se você se mostrar frouxo no dia da angústia, sua força será pequena.

- **A maturidade não vem com a idade, mas com a aceitação e o cumprimento da responsabilidade.**

Lembra que no seu tempo de escola, quando você recebia a nota de uma prova, toda a turma ficava sabendo? Isso é normal, pois é bom aprendermos desde cedo a sermos avaliados, testados e julgados (com notas) por nosso desempenho. Isso gera responsabilidade, atitude, capacidade de lidar com confrontos etc.

A impressão que tenho é que muitos jovens e adolescentes do século XXI não passam mais por isso, parece-me que até as escolas de hoje em dia superprotegem os alunos a ponto de não gerarem estímulos de autodefesa. O que vemos são pessoas que travam depois de uma avaliação negativa, crítica ou quando lhes é lançado um desafio. Da mesma maneira que na escola existem as provas pelas quais somos avaliados e aprovados, assim também é a vida, com as dificuldades e vitórias, e a certeza de que subimos de fase a cada etapa que passamos, assim como em um videogame.

> DA MESMA MANEIRA QUE NA ESCOLA EXISTEM AS PROVAS PARA SERMOS AVALIADOS E APROVADOS, ASSIM TAMBÉM É A VIDA COM AS DIFICULDADES E VITÓRIAS, NA CERTEZA DE QUE SUBIMOS DE FASE A CADA ETAPA QUE PASSAMOS, ASSIM COMO EM UM JOGO DE VIDEOGAME.

É fundamental ensinar, corrigir e disciplinar desde muito cedo, mas caso isso não ocorra, existem formas de transformar pessoas vitimistas em protagonistas, como citei nos tópicos a respeito desse assunto.

FALTA DE REFERÊNCIAS PROBLEMAS

As referências relacionais e sociais são pontos-chave na formação da autonomia e dos valores do indivíduo. Dentre as várias que podemos citar, acredito que as mais comuns sejam: família, líderes religiosos, políticos influentes e artistas de sucesso. As pessoas que não leem bons livros, não pesquisam e não buscam várias fontes para avaliar uma notícia e que se alimentam do conteúdo superficial e sem relevância das redes sociais, estão cada vez mais carentes de referenciais. A prova é que seus maiores exemplos são escolhidos pela fama e pela quantidade de exposição na mídia; esses indivíduos ignoram a falta de bom caráter, de princípios e defendem causas sem propósito; a tendência da massa é caminhar rumo à mediocridade.

Esses referenciais sem estrutura emocional, muitas vezes abusivos por exporem as mazelas da alma em maneira de vícios, intolerância com o contraditório e desprezo aos padrões familiares universais geram pessoas sem estrutura emocional, moral e ética. Com a evolução de recursos técnicos e tecnológicos, esses referenciais relâmpagos que surgem de uma moda passageira, de uma participação em um programa de TV ou da criação de um canal no YouTube se instrumentalizam e se dispõem, dentre outros, a serviço de chamar a atenção e estimular comportamentos de consumo. O ídolo midiático aponta o caminho a ser traçado e o consumo daquele ideal ou daquela aparência. Quem não sabe filtrar esse tipo de influência cria uma falsa ilusão de alcance do objeto de desejo e até perde sua identidade vivendo a vida do falso ídolo.

Nenhum ser humano sobrevive sem liderança. As pessoas atravessam as etapas da vida sem ninguém e sem valorizar o aprendizado com líderes que têm histórias de superação e que são íntegros. A liderança é o que norteia os limites e a potencialidade de cada um. Os aspectos sociais da cultura em que estamos inseridos também interferem na falta de direcionamento de um povo e, por conseguinte, na falta de uma liderança efetiva.

Na certeza de que a instrução que seguimos nos leva ao nosso propósito de vida, é importante pensar sobre quem são nossos referenciais. Já parou para refletir sobre as referências de hoje? Salvo uma exceção ou outra, os *youtubers* que preparam conteúdo para adolescentes e jovens falam jargões baixos e ofensivos, como: "Eu sou uma cachorra!" ou "Mãe, você é uma vaca! Eu não acredito que nasci de você!".

E seguem como a triste influência sobre uma geração rasa.

São palavras desrespeitosas à família e às autoridades, que tentam tornar comum o que destrói os valores que alicerçam um futuro triunfante de vida abundante em todas as áreas. Sem falar nas letras das músicas mais tocadas, algumas das quais são um retrocesso à inteligência humana, fazendo alusão à promiscuidade desenfreada, levando a momentos breves de uma falsa felicidade e longos momentos de angústia e frustrações.

Em paralelo, vemos famílias nitidamente desestruturadas, políticos que fazem discursos cada vez mais incoerentes com suas atitudes, deixando marcas de corrupção e crenças negativas na sociedade. As pessoas buscam referenciais na família, na política, nos líderes religiosos ou nos professores; e quando não encontram, tornam-se incrédulas da existência da verdade e de um futuro promissor. É bem nessa hora que o líder precisa entender que também se tornou uma referência, positiva ou negativa. Você tem de compreender a seriedade da sua responsabilidade.

SOLUÇÃO

Como líder, como influenciador, qual papel você escolhe exercer?

Precisamos incentivar as pessoas a mudar, criando alicerces, nem que para isso seja gerado um impacto emocional. Nossa função é desintoxicá-las de crenças limitantes, culturas improdutivas, costumes nocivos e, em especial, gerar um despertamento para sonhos que nem elas mesmas pensavam que poderiam viver. O processo do despertamento para que possamos decolar e atingir patamares altos começa com o desconforto dos espinhos no ninho.

A maior limitação do ser humano é a zona de conforto. Muitas vezes, estamos no ninho, confortáveis como filhotes de águia. O filhote recebe comida na boca, dorme grande parte do tempo, come e brinca, mas a mãe águia sabe a importância de ele decolar. A águia sabe que ele precisa voar para conquistar seu espaço, caçar suas presas para se alimentar e sobreviver, e terá também de atravessar qualquer tempestade, certa de que ele vai aplainar triunfante. O Deuteronômio relata esse processo "como a águia que desperta sua ninhada, paira-se sobre seus filhotes, depois estende as asas para apanhá-los, levando-os sobre elas".

São incontáveis os casos de pessoas que acompanhei que viviam na zona do conforto, com dívidas e escassez de recursos e, depois de serem corrigidas, confrontadas e treinadas, atingiram patamares altos. O líder deve falar o que o liderado precisa ouvir, mesmo que ele não goste no momento. Todo confronto gera cura e, depois de curado, você poderá liderar. Uma palavra de confronto saudável e pontual deve gerar reflexão, e essa reflexão deve eliminar a dúvida e o medo, pois essas são as características mais comuns de alguém que está na zona de conforto.

A palavra de despertamento do líder tem sempre que gerar confiança e desejo de superar desafios. Um líder que ajuda o liderado a vencer o medo torna-se corresponsável pelo futuro sucesso daquela pessoa. Entendo que essa é nossa maior missão.

Nessa caminhada, o líder, assim como a águia na tentativa de ensinar seu filhote a voar, observará que alguns não vão conseguir. Faz parte do processo treinar pessoas que desistirão. Faz parte! Nesses momentos eu lembro de uma frase do meu amigo Paulo Vieira: "Fica tranquilo, está tudo certo. Cada um tem a vida que merece!".

> **UMA PALAVRA DE CONFRONTO SAUDÁVEL E PONTUAL DEVE GERAR REFLEXÃO, E ESSA REFLEXÃO DEVE ELIMINAR A DÚVIDA E O MEDO, POIS, ESSAS SÃO AS CARACTERÍSTICAS MAIS COMUNS DE ALGUÉM QUE ESTÁ NA ZONA DE CONFORTO.**

É importante lembrar que todo ser humano é passível de erro, é imperfeito e comete falhas. Por mais que se aprimore, nunca será perfeito e sua jornada é contínua. Porém, seu senso de justiça, sua boa-fé e sua credibilidade devem ser características marcantes em seu caráter e reputação.

FALTA DE UM PROPÓSITO

Uma das indagações que mais fiz aos colaboradores ao longo de minha vida foi: "Como você se vê daqui a cinco anos?"

Quase todas as respostas eram semelhantes, mas com palavras diferentes. As pessoas que não eram casadas, não tinham carros nem filhos respondiam que queriam se casar, comprar carros e ter filhos. As respostas giravam em torno de estar bem financeiramente, com a melhor família do mundo e a melhor saúde. O choque de realidade vinha quando eu perguntava: o que mudou na sua vida nos últimos cinco anos? Para a grande maioria ficava nítido que muita coisa não havia mudado, além de terem acumulado algumas experiências desgastantes.

Na verdade, todo mundo quer ter sucesso, mas são poucos os que lutam, de maneira obcecada, para fazer isso acontecer de uma maneira correta e real. Todo sucesso é regado por muito trabalho, esforço e determinação para não desistir nos momentos de luta.

E por que muitos desistem nas primeiras adversidades? A melhor maneira de responder essa pergunta é visualizando uma maratona: uma multidão inicia a corrida, mas pouquíssimos a concluem; somente os que têm um propósito fincando na mente e no coração. Infelizmente, grande parte das pessoas não sabe aonde quer chegar, vive seguindo tendências e não têm um verdadeiro propósito pelo qual viver. A escolha profissional desses, por exemplo, começa com a pergunta errada.

MÁ ESCOLHA PROFISSIONAL

"Qual a profissão que mais dá dinheiro?" Essa é a pergunta mais comum entre os jovens que buscam uma carreira profissional. Eles criam atalhos e, dessa maneira, obtêm as mais diversas respostas. Buscam exemplos de pessoas de sucesso em diferentes áreas profissionais e se concentram em quanto aqueles profissionais ganham. Fixam-se mais no sucesso que determinado profissional faz e na vida de riqueza que ele leva do que na profissão em si. Esses jovens não param para analisar os detalhes importantes no percurso da construção daquela carreira.

Depois de caminharem indecisos esses jovens ingressam em qualquer formação até conseguirem entrar no mercado de trabalho. Quando ingressam nele de fato, se deparam com os problemas comuns de qualquer profissão, mas não foram preparados para enfrentá-los, ou melhor, não sentem paixão por aquele trabalho, ele é apenas uma "carreira que dá dinheiro". Os conflitos aumentam e, a partir desse ponto, vem a frustração de trabalhar em algo que, na realidade, a pessoa nem sabe por que escolheu. A consequência dessa série de más decisões gera uma tristeza profunda, porém é necessário acordar todo dia para ir trabalhar e garantir seu salário. Eu pergunto: qual é mesmo a motivação desse profissional?

Estatísticas apontam que 65% dos funcionários estão insatisfeitos e declaram que poderiam produzir mais. Parte dessa insatisfação é fruto de lideranças ruins, e a outra é resultado de escolhas erradas na vida profissional. E há também aqueles que vivem como em uma conhecida música popular brasileira que diz: "Deixa a vida me levar, vida leva eu".

Não existem fórmulas mágicas para viver uma vida com propósito. O futuro possui três dimensões:

- **FATOS E ACONTECIMENTOS** bons na nossa história futura podem ser produzidos por atitudes coerentes no presente: fale a verdade, obedeça a princípios que o protegem, tenha humildade para reconhecer os erros e mudar sua rota, acredite que vai melhorar e romper as adversidades.

- **O ESTILO DE VIDA** no presente produz um estilo de vida vitorioso no futuro – uma semeadura gera várias colheitas. O que estamos plantando para colher no futuro? Plante bondade, amor, misericórdia e honra e colherá as mesmas coisas. Seu estilo de vida no futuro é determinado pelo que você semeia hoje.

- **DIMENSÃO INIMAGINÁVEL E INFINITA**, que ultrapassa gerações. Não temos a noção real e exata da ação do ser supremo que age a nosso favor em resposta às nossas atitudes íntegras – no tempo chamado hoje, determino meu futuro até a dimensão eterna.

O principal problema dos jovens adultos que fazem más escolhas é falta de foco. Querem tudo e, ao mesmo tempo, não querem nada. Não se preocupam com produtividade e integridade. Eles não têm senso de justiça e honestidade. Eles não têm prazer em gerar orgulho, nutrir conquistas.

QUAL SEU PROPÓSITO DE VIDA?

As consequências dessas más ações e escolhas têm gerado amargura, medo, limitação e incredulidade. Seja na área pessoal ou profissional, seja na espiritual, a falta de propósito acarreta desistência, distrações e perda de tempo. Quem tem um propósito definido vê as adversidades como possibilidades de aprendizado para chegar ainda mais longe. Quem não tem, inventa desculpas das mais variadas e desiste no meio do caminho. Muitos ainda têm a capacidade de dizer que "não era da vontade de Deus". Buscam subterfúgios para tentar legitimar o que na verdade é sua incapacidade. Tudo isso porque não há um propósito ardendo em seu peito e gerando persistência para alcançar o alvo.

Muitas pessoas vivem sem um real propósito do que querem ser para impactar outras vidas, e muito menos sabem o que devem fazer. Assim, não sabem tomar as decisões certas e reconhecer as reais oportunidades quando elas surgem.

Os que vivem uma vida sem propósito não sabem diferenciar as oportunidades boas nem fazer escolhas saudáveis, porque suas motivações interiores estão em desordem e comprometidas pela sua imprudência. Imagine como é fácil para eles caírem em certas distrações.

Acredito que a maior parte das pessoas gasta mais tempo com as distrações do que com as prioridades. Uma rápida avaliação pode ser feita com as perguntas a seguir:

- Quanto tempo você passa no celular?

> OS QUE VIVEM UMA VIDA SEM PROPÓSITO NÃO SABEM DIFERENCIAR AS OPORTUNIDADES BOAS NEM FAZER ESCOLHAS SAUDÁVEIS, PORQUE SUAS MOTIVAÇÕES INTERIORES ESTÃO EM DESORDEM E COMPROMETIDAS COM SUA IMPRUDÊNCIA.

- Quanto tempo você passa assistindo TV?
- Quanto tempo você passa nas redes sociais?
- Quanto tempo você passa assistindo a vídeos ou lendo fofocas sobre a vida de atores?

LISTA DE PRIORIDADES

O tempo é um presente precioso que recebemos todos os dias para usar bem. Enquanto não aprendermos a utilizar o tempo de maneira produtiva, inclusive com períodos certos para descanso, cuidados pessoais e convivência com a família, não poderemos ser líderes de nós mesmo. Será que 100% do seu tempo está sendo investido na sua lista de prioridades? Para ser mais direto, será que você tem uma lista de prioridades?

Como líder, e em especial na função de orientar o liderado, é preciso dominar com maestria uma lista de prioridades. Compartilho com você, gestor, a minha jornada para administrar meu tempo da melhor maneira possível.

O primeiro passo é: durante uns dez dias, listar tudo aquilo que faz. Ao final, é provável que se assuste ao ver quanto tempo perde com coisas improdutivas.

O segundo passo é criar sua lista de prioridades com base em seus objetivos e sonhos. Claro, isso inclui trabalho, tempo para o lazer, tempo com a família, tempo para a saúde etc. Essa lista de prioridades deve conter todas as coisas necessárias para organizar seu tempo e eliminar as distrações.

O terceiro passo é organizar sua lista em: anual, mensal e semanal. Siga essa ordem e escreva todas as suas prioridades. Em seguida, ordene esses itens nos seguintes tópicos: A, B e C. Marque com o **A** os itens que são prioridade máxima, **B** os secundários e **C** os que são menos importantes.

Depois disso, una todos os itens, organizados por prioridades anuais, mensais, semanais e identificados pelas letras; enumere cada item. O número 1 é a prioridade máxima e assim por diante.

Após estabelecer com clareza suas prioridades em itens, você vai: 1) colocar ao lado de cada atividade o **propósito** dela; 2) definir o porquê daquele item; e 3) escrever **como** aquela prioridade pode ser realizada e **quando** vai cumpri-la, definindo os prazos. Dessa maneira, terá um planejamento de ação bem definido. Entre as grandes chaves para conquistar seus objetivos estão a autodisciplina e a constância. Você destruirá de uma vez por todas suas distrações, eliminando a perda de tempo. No próximo capítulo, conheceremos os sentimentos que geram crescimento e não podem existir na vida de uma pessoa desorganizada que desperdiça tempo.

Segue um exemplo simples de como montar uma lista de prioridades:

LISTA DE PRIORIDADES				
RESPONSÁVEL				
PRAZO FINAL				
SEMANAL				
% CONCLUÍDA	PRIORIDADES E TAREFAS	DATA DE CONCLUSÃO	INTENSIDADE DA PRIORIDADE	ANOTAÇÕES
0				
0				
0				
0				
0				
0				
0				
0				

SEJA UM LÍDER DE HERÓIS

MENSAL				
% CONCLUÍDA	PRIORIDADES E TAREFAS	DATA DE CONCLUSÃO	INTENSIDADE DA PRIORIDADE	ANOTAÇÕES
0				
0				
0				
0				
0				
0				
0				
0				

ANUAL				
% CONCLUÍDA	PRIORIDADES E TAREFAS	DATA DE CONCLUSÃO	INTENSIDADE DA PRIORIDADE	ANOTAÇÕES
0				
0				
0				
0				
0				
0				
0				
0				

O APAIX

HERÓI
U3D

AS HABILIDADES DO APAIXONADO

Somos um time alinhado. A reunião entre nós prossegue. Enquanto Klaus reflete sobre as questões levantadas por Daros, o U3D organiza seus pensamentos para expressar os pontos fortes da sua identidade. Quando o conheci, ele era um "robô programado" para fazer o básico, e hoje, depois de anos de intensa mentoria e forte impacto emocional, foi "reprogramado" e sempre faz mais do que esperam dele. Ele carrega nas suas atitudes os valores da missão. Sua força é física mas também está no seu relacionamento interpessoal positivo. Para ter um relacionamento interpessoal saudável, o ser humano deve exercitar áreas como o autodomínio, o autoconhecimento e a automotivação. No Esquadrão Z, o relacionamento interpessoal é de extrema importância, pois se reflete diretamente na nossa produtividade. Somos assertivos ao expressar nossas opiniões de maneira clara e direta, prezamos pela cordialidade e possuímos um senso de ética muito forte. Dessa maneira, temos a convicção de que ninguém faz nada sozinho, priorizamos a unidade e, assim, prosseguimos na nossa jornada.

O U3D é bem esse personagem que ressalta todos esses valores, ele transmite um brilho no olhar e uma paixão que é notada pelo seu entusiasmo. Ele é extrovertido, se comunica bem, é muito ativo e contagiante. Assim como ele passou por um processo de transformação para chegar a esse estágio, qualquer pessoa disposta também pode mudar, reprogramando sua mente para cultivar atitudes extraordinárias. Um dos desafios mais estimulantes para um líder é transformar pessoas comuns em pessoas extraordinárias. Isso me impulsiona a dar o meu melhor.

Mas você talvez ainda esteja se perguntando: para que tudo isso? Por que eu devo me preocupar em transformar a vida dos colaboradores da minha empresa?

Qual é sua opinião: acredita que somente os recursos, a estrutura ou as técnicas de gestão são suficientes para fazer um negócio alavancar e permanecer crescendo?

Na minha opinião, com base na minha experiência como gestor, eu acredito que recurso, estrutura e técnicas são muito importantes, mas equivalem a 20% do real motivo do sucesso de uma empresa. Os outros 80% são os sentimentos que geram crescimento.

Já parou para pensar por que existe um restaurante completamente lotado e com pessoas satisfeitas, enquanto do outro lado da mesma rua há outro completamente vazio? Digamos que os dois restaurantes trabalhem com o mesmo tipo de cardápio, o mesmo tipo de estrutura e com divulgação semelhante, que tudo seja muito parecido. Por que será que um faz sucesso e o outro não?

Por que muitas vezes se vê uma faculdade, uma escola, uma academia completamente lotada enquanto muitas outras estão completamente vazias? Quais são os motivos?

Neste capítulo, você entenderá as razões pelas quais existem empresas crescendo enquanto outras estão caindo. Saberá, também, como liderar de maneira divertida e com um comprometimento inabalável.

Há algumas marcas fenomenais nesse aspecto. A Coca-Cola, por exemplo, sempre associa seu produto a sentimentos. A gente não bebe só Coca-Cola; quando toma o refrigerante, tem um momento de prazer, alegria, diversão etc. O marketing deixa bem claro que não se trata somente da fórmula ou do produto em si, mas há algo a mais associado: são os sentimentos que fazem com que ela seja "sempre Coca-Cola".

Outro exemplo fantástico são os parques de diversão da Disney, um dos maiores conglomerados de entretenimento do mundo. Quando alguém que você conhece ou até você mesmo faz uma viagem para Orlando, nos Estados Unidos, em geral as pessoas dizem que vão para Orlando ou para a Disney? Pelo meu teste, a maioria das respostas foi "para a Disney". Outro parque poderoso, chamado Universal Studios, tem atrações tão boas ou até melhores, na minha opinião, que as da Disney. Mas já parou para pensar por que a Disney, esse universo tão fascinante, é o primeiro nome que vem à nossa mente quando se trata desse destino de viagem?

O segredo de tudo isso está na história da empresa. O cofundador Walt Disney foi um líder apaixonado, um produtor cinematográfico, cineasta, diretor, roteirista, dublador, animador, empreendedor, filantropo e um símbolo da indústria da animação e da cultura popular nos Estados Unidos. Ao ler sobre sua biografia, descobri que ele preparou um time para cumprir com excelência a missão que lhe foi proposta desde a inauguração do primeiro parque temático. A princípio, tentou contratar serviços terceirizados, mas depois percebeu que, para gerar sentimentos positivos no público e um atendimento único, era necessário preparar a própria equipe. O líder encanta os funcionários, e os funcionários encantam o cliente. A grande diferença entre empresas de sucesso e fracasso está nos sentimentos inspirados pelo líder e a atmosfera da organização e a emoção que os colaboradores transmitem. Sentimentos são o combustível das pessoas.

Apesar de os dois parques, Disney e Universal, terem ótimo atendimento, a Disney consegue se comunicar de diversas formas por meio de cada um dos seus colaboradores, que encantam e marcam a vida das pessoas. É muito interessante notar o poder da marca de uma empresa que quase anula por completo o nome do seu concorrente, o nome da cidade onde a empresa está situada, o nome do estado e até do país, quando as pessoas respondem à pergunta sobre em qual lugar vão passar as férias. As agências de viagem, sabendo desse ponto forte, divulgam o nome do parque que está no imaginário e sonho de muitas pessoas, em vez de divulgarem o nome do estado ou país, e assim conseguem alavancar suas vendas de pacotes para a Disney.

No contexto das organizações, saber lidar com as pessoas e fazê-las sentir-se parte do processo é uma arte das mais especiais e únicas. É preciso gostar de pessoas e gostar de conhecê-las para não retrair o colaborador, mas fazê-lo expressar suas ideias, emoções e desenvolver suas habilidades.

Um grande erro de muitos líderes é não gostar de se envolver com seus liderados e separarem o

> **NO CONTEXTO DAS ORGANIZAÇÕES, SABER LIDAR COM AS PESSOAS E FAZÊ-LAS SENTIR-SE PARTE DO PROCESSO É UMA ARTE DAS MAIS ESPECIAIS E ÚNICAS.**

indivíduo, em termos de emoções, em duas colunas: pessoal e profissional. Isso não existe: as demandas emocionais da vida pessoal se refletem no campo profissional, e a questão é: eu estou disposto a trabalhar os sentimentos desse liderado que deseja mudar para ele ser um profissional produtivo?

As emoções equilibradas em uma empresa são a origem de um poder pessoal mais poderoso do que o poder do status ou da posição que ocupa para um líder. As organizações inteligentes e competitivas desejam que esse líder (em qualquer nível) seja um mentor, treinador, conselheiro e amigo; para isso investem substancialmente na formação das lideranças, pois sabem que haverá retorno. O alvo dessa ação é desenvolver de fato um cuidado e cultivar um relacionamento de confiança e harmonia com as pessoas que nos cercam e, assim, gerar lucro para a empresa. Tudo que produzimos passa por pessoas. Esse processo é constante, pois podemos crescer todos os dias ao estimular nosso time a vivenciar nossos valores mais profundos.

Um conceito importante a ser esclarecido é o de **poder**. Para ser um líder sábio emocionalmente, é necessário entender como usá-lo da maneira correta. O poder de um líder não serve para dominar, coagir, humilhar ou manipular pessoas; é para fazer seu liderado crescer, é para servir. O poder é uma maneira de crescer e deve-se saber com precisão como compartilhá-lo, usá-lo e abrir mão dele em determinadas situações. Os líderes sábios emocionalmente são muito apaixonados – têm uma força que os estimula a avançar e estão sempre renovados, mesmo diante dos desafios que surgem, pois enfrentam os problemas com equilíbrio e sensatez e sabem onde estão pisando; são muito disciplinados, conseguem lidar com pessoas e ambientes diversos; amam a si mesmos e são convictos em suas singularidades pessoais; têm consciência espiritual e um desejo profundo de ver o próximo, seu time, cumprir seu propósito de vida. Por isso, não se conformam com profissionais que são "tarefeiros". O U3D, com toda sua paixão, combate esse mau hábito.

Na certeza de que essas empresas de sucesso têm diferenciais que envolvem sentimentos, desde o inicio da minha trajetória enraizei nos treinamentos com meus funcionários essa verdade prática, bem como condutas de princípios e valores. Antes de abordar os sentimentos que geram crescimento, é importante saber identificar um tarefeiro, para ajudá-lo a ser de fato um colaborador produtivo.

A IMPRODUTIVIDADE DOS TAREFEIROS

Se você é um líder ou liderado tarefeiro, chegou a hora da mudança. A escassez da produtividade de muitas empresas surge por causa dos tarefeiros. Quem são eles? Robôs programados para executar tarefas de maneira padrão em um ciclo repetitivo e rotineiro, sem significado expressivo em suas emoções e longe de encantar. Esses robôs são pessoas que vão todos os dias trabalhar pelo simples fato de executar uma tarefa designada. Se encontrar uma pessoa assim e perguntar "Por que você está fazendo essas tarefas?", esse "robô" não saberá responder.

Um vídeo que viralizou na internet me fez refletir algo muito interessante sobre os tarefeiros. Na cena, uma senhora está regando o jardim na frente da sua casa. Ela regava a área inteira todos os dias. Em um belo dia de intensa chuva, o vídeo mostra

> **A ESCASSEZ DA PRODUTIVIDADE DE MUITAS EMPRESAS SURGE POR CAUSA DOS TAREFEIROS.**

uma cena curiosa e inacreditável: a senhora, embaixo de chuva, rega o jardim do mesmo jeito. Engraçado, não é? No entanto, infelizmente, essa é uma realidade avassaladora em uma empresa

> **O TAREFEIRO CUMPRE AS OBRIGAÇÕES, MAS NÃO TEM PROPÓSITO.**

que não gera sentimentos poderosos. São liderados cumprindo ordens sem entender o briefing e o sentido real da tarefa apresentada.

O tarefeiro cumpre as obrigações, mas não tem propósito. Ele é como um carvão intacto que não pegou fogo, não gerou resultados e sai ileso da churrasqueira. Um exemplo típico de tarefeiro no Brasil é o funcionário público acomodado. Em alguns órgãos públicos, ao buscar atendimento é possível sentir a má vontade do funcionário. Como esse tipo de funcionário sabe que é concursado e não perderá o emprego, muitas vezes não vislumbra crescimento na sua carreira e se torna um tarefeiro. O tarefeiro não é um facilitador, faz somente o que lhe mandam. Em empresas privadas também existem funcionários assim, mas nelas é mais fácil orientar e investir na mudança desse tipo de pessoa do que em órgãos públicos. Os tarefeiros existem onde há líderes que permitem que eles permaneçam assim. O U3D traz paixão para os tarefeiros.

Para combater esse estilo de vida ruim, é necessário ver a raiz dos problemas emocionais desse indivíduo e reconstruir suas crenças positivas por meio de sentimentos vitais para qualquer ser humano em qualquer área da vida. É sobre esses sentimentos fundamentais, identificados no U3D, o apaixonado, que vamos refletir. Acredito que sentimentos geram crescimento. Com base nessa filosofia de vida, é importante expor dez sentimentos poderosos que geram crescimento.

DEZ SENTIMENTOS QUE GERAM CRESCIMENTO

Você já parou para pensar, ao final de um dia, sobre todas as ações executadas, sobre todas as decisões tomadas e sobre todas as conversas que teve naquele dia?

Pois é, tudo o que fazemos carrega uma carga emocional. A grande diferença entre as pessoas maduras e imaturas é a reflexão que fazem a respeito das suas motivações emocionais e das consequências das atitudes regadas por essas emoções, que podem ser negativas ou positivas. O objetivo é corrigir nossos erros e aprimorar nossas qualidades. Além dessa reflexão diária, é necessário construir e/ou fortalecer emoções primárias e fundamentais para o desenvolvimento espiritual, emocional, físico, intelectual e material de qualquer um.

Tenho certeza de que nossa trajetória de vida envolve uma prática constante de princípios. Revisar a vida pessoal e as cargas emocionais é para quem busca a sabedoria. Quando cito a autoavaliação emocional, o faço porque sei que todos têm circunstâncias de vida que trazem frustrações e abatimentos, porém o que nos diferencia são nossas reações emocionais diante das circunstâncias ruins e até das vitórias. Todos têm cicatrizes, sejam elas visíveis ou não, líderes com cicatrizes inspiram times. Para mantermos a constância, escolhi dez sentimentos praticados pelo U3D, que no meu ponto de vista são vitais para o nosso crescimento:

1. CORAGEM

Coragem sem habilidade é suicídio. Mesmo diante do medo, a coragem é uma atitude de ânimo, bravura, firmeza, perseverança, desembaraço, franqueza, intrepidez, ousadia e constância. A coragem, no bom sentido, é considerada uma virtude, pois essa ação cala os medos interiores.

Sobre esse assunto, tenho uma experiência que me ensinou muitas lições. Certa vez, o dono de uma escola em Copacabana, zona sul do Rio de Janeiro, me ofereceu uma unidade em uma das principais avenidas do bairro. O relatório que recebi sobre o empreendimento naquele lugar foi muito negativo. As informações eram de que o local para o ramo era ruim, os funcionários eram problemáticos, a empresa estava no prejuízo havia três anos e vários administradores que passaram por ali não conseguiram alavancar a escola. Na época, eu não tinha capital para comprar o empreendimento.

Observei a situação da empresa com a visão de onde eu queria chegar, no conhecimento de mercado, por ser algo relacionado à minha área de atuação e nos recursos disponíveis para investir na logística do negócio. Depois de refletir bastante, tomei a ousada decisão de aceitar a proposta e assumir a escola. O ato de coragem a que me refiro foi a decisão de comprar essa escola, apesar de todos os prognósticos contrários – organizei o pagamento das parcelas da compra com o valor do lucro da escola projetado em um planejamento estratégico. Eu não tinha aquele dinheiro em mãos e não tinha outra fonte de renda que pudesse me socorrer caso os planos não dessem certo. Um ato de coragem é exatamente a convicção de que os planos traçados com sensatez acontecerão, mesmo que você ainda não consiga ver os resultados.

Desafio aceito, marquei uma reunião com os funcionários da antiga escola para conhecerem nossa visão, a proposta também incluía assumir o empreendimento junto com o corpo de funcionários. Na primeira reunião com eles, eu me deparei com cerca de cinquenta pessoas totalmente desmotivadas dentro de uma sala de aula, com expressões de desprezo e falta de atenção; alguns inclusive estavam sentados de braços cruzados. Passei toda a minha visão do projeto e uma das coisas que deixei bem claro para os colaboradores foi: "Nós vamos ter sucesso nesta empresa! Esta companhia vai dar lucro com ou sem a participação de vocês!".

Após a reunião, iniciaram-se as mudanças no ambiente e nos recursos humanos da nova escola. Foram identificados, naqueles primeiros dias de atuação, os funcionários resistentes que não queriam mudar, e esses foram convidados a se retirar do quadro de funcionários da empresa; outros pediram demissão e houve aqueles que decidiram acompanhar o novo ritmo da organização. Essa experiência para mim foi única, por ter sido atípica: em decorrência das circunstâncias, tive de trabalhar com um forte impacto emocional na vida dos colaboradores. Na maioria dos casos em que a empresa passa por uma mudança radical como essa, é necessário um tempo maior de análise para começar a mudar o quadro interno. Nessa situação, o investimento proposto dependia 100% do retorno de capital imediato.

Vale aproveitar o contexto para citar a existência de duas ações essenciais para a mudança de crenças destrutivas na vida de colaboradores que vêm de empresas que não deram certo ou na vida de pessoas que, por si só, são negativas. Essas duas ações são muito bem relatadas no Método CIS (Coaching Integral Sistêmico), criado pelo Dr. Paulo Vieira, uma metodologia de desenvolvimento pessoal e profissional voltada para a alta performance, baseada na reprogramação de crenças para a superação de traumas emocionais e conquista de metas através de um plano de ação. Naquela época, eu ainda não conhecia o respaldo científico por trás dessa técnica, mas já a utilizava na minha empresa. As ações para a mudança de crenças destrutivas são: repetição em longo prazo ou forte impacto emocional.

Como não havia tempo disponível, atuamos com o forte impacto emocional causando mudanças positivas, adequando funções e responsabilidades, motivando o time para cumprir as metas diárias e alcançar a meta mensal e decoramos o ambiente da empresa de maneira marcante para funcionários e clientes. Fizemos rápidos treinamentos de atendimento ao cliente, alinhamos a comunicação interna da empresa e trabalhamos com um marketing pesado de reinauguração da escola. Resultado: as mudanças deram lucro no primeiro mês e, assim, geramos uma crença positiva. Em seis meses de funcionamento da escola em Copacabana, batemos diversos recordes.

As pessoas medrosas nunca viverão experiências extraordinárias. O medo traz insegurança e paralisa. Para vencê-lo, persista em seus desafios, busque novos conhecimentos, vença o medo de se comunicar, de falar em público, de viajar, de ser rejeitado. Tome decisões assertivas; sonhe alto, muito alto e viva os sonhos à medida que cumpre seus planejamentos semanais, mensais e anuais.

2. PROPÓSITO

O homem é aquilo que ele pensa. Tudo na vida do ser humano passa pela cabeça, pelo processo mental. Na mente ficam suas convicções e

> AS PESSOAS MEDROSAS NUNCA VIVERÃO EXPERIÊNCIAS EXTRAORDINÁRIAS. O MEDO TRAZ INSEGURANÇA E PARALISA. PARA VENCÊ-LO, PERSISTA EM SEUS DESAFIOS BUSCANDO NOVOS CONHECIMENTOS.

no coração, suas emoções. Na mente, as decisões são analisadas, expostas às consequências e assim, tomadas; no coração, a pessoa não reflete sobre suas decisões e quando erra, não assume a responsabilidade e justifica seus erros com desculpas de que estava sofrendo ou de que deu vontade e no momento não teve como refletir.

O propósito da sua vida passa pela convicção de onde você quer chegar. Quem tem convicção não erra o caminho. As circunstâncias e as pessoas podem mostrar e falar o que quiserem, mas você tem convicção de onde quer chegar. A convicção constrói um planejamento em direção ao seu propósito e gera atitude. Nesse processo, outras pessoas também são convictas de que o propósito delas passa pelo seu propósito e o time é formado.

Na formação de um time, é inconcebível ter pessoas de mau caráter. O compromisso de um líder deve ser com as pessoas de bem que estão dispostas a crescer e melhorar a cada dia. Os que têm sabedoria emocional ouvem e praticam os ensinamentos. Para fortalecer seu propósito, é essencial cuidar das portas de entrada de conteúdo que ficam na sua mente e vão para seu cérebro. São elas: a audição, a visão e as palavras.

A CONVICÇÃO VEM PELO OUVIR. A QUEM VOCÊ TEM DADO OUVIDOS?

Muito cuidado com as influências externas que querem gerar dúvida a respeito do seu propósito de vida. Quem tem convicção não tem dúvidas. Líderes que têm dúvidas a respeito de como seu propósito vai acontecer e são inseguros, pois não têm recursos suficientes para realizar o que gostariam: muito cuidado, você está na zona de perigo.

Quem tem convicção sobre seu propósito, mesmo diante de circunstâncias adversas, permanece acreditando que algo extraordinário vai acontecer. Os líderes convictos continuam caminhando mesmo nos momentos de espera, jamais param. Para esses líderes o processo de espera significa caminhar, e a questão financeira é um mero detalhe. Aprenda que dinheiro é apenas um detalhe que fica na mão de quem é bom mordomo. Para manter sua convicção inabalável, ouça líderes que agregam valor, que têm frutos do seu trabalho para mostrar e que são pessoas que vivem o que falam.

Quem tem convicção de onde vai chegar vive o futuro no presente. Não precisa chegar lá para viver seu propósito, já está nele. Não se enxerga pela vista humana, os planos são traçados com base na convicção do propósito. O líder sempre consegue visualizar os novos times que serão formados, as possibilidades de mercado a favor da organização, as ideias e propostas que serão vividas e os novos projetos que surgirão.

A CONVICÇÃO VEM DA SUA VISÃO DE MUNDO E DA SUA VISÃO DE SI MESMO. ENTÃO, RESPONDA: COMO ESTÁ SUA VISÃO?

A visão de propósito que o líder tem em sua mente é inegociável. Talvez você que está lendo este livro agora esteja desanimado, desacreditado e até sem direção. Saiba que o que está faltando é a visão e convicção do seu propósito de vida. Muitas pessoas ficam esgotadas sem a visão de onde querem chegar. Eu o encorajo a pedir socorro, a buscar

> **OS LÍDERES CONVICTOS CONTINUAM CAMINHANDO MESMO NOS MOMENTOS DE ESPERA, JAMAIS PARAM.**

ajuda, a buscar referências para ser mentorado e a falar sobre sua necessidade para a pessoa certa. Conheço a história de um homem que ficou cego e queria muito voltar a ver, ele soube que um homem que operava milagres ia passar pela sua cidade. Rompeu uma enorme multidão, gritou bem alto e foi repreendido, ainda assim gritou mais alto e conseguiu chamar a atenção do mestre dos mestres. O mestre perguntou: "O que quer que eu faça?". O cego respondeu: "Eu quero voltar a ver". Na mesma hora, o cego voltou a ver. Seja como esse cego, lute pela sua visão restaurada! Volte a ver você também, nem que para isso tenha que dar um grito profundo e agir com ousadia. Saiba que sem visão clara e convicção definida ninguém sai do lugar e continua batendo a cabeça na parede. Com a visão restaurada e a convicção do propósito, somos felizes em todos os lugares por onde passamos.

ATÉ QUE PONTO O PROPÓSITO É VISÍVEL NA SUA VIDA? QUAIS PALAVRAS SAEM DA SUA BOCA?

As palavras podem gerar vida e morte e são resultado do que pensamos e sentimos. O que você fala determina quem você é para os outros, sua comunicação verbal pode fazer toda a diferença. Quem não tem propósito vive de acordo com o que qualquer um fala e é levado por qualquer onda do momento, formando sua opinião com base em notícias superficiais e muitas vezes falsas em redes sociais e na imprensa. São pessoas desorientadas e sem convicção que vivem um dia depois do outro sem sonhar e sem valorizar o real significado da vida: é a busca pelo propósito que vai fazê-lo ser produtivo na sua vida pessoal e profissional.

Quando temos propósito, não cedemos às perseguições, às falsidades e às traições. O mal que há nas outras pessoas não influencia a convicção de quem eu sou e aonde vou chegar. As minhas atitudes não são reflexo do que o outro me fez ou deixou de fazer, mas são pautadas na convicção que tenho da minha identidade e do meu propósito. Quando se tem convicção, nada corrompe seu propósito. Quando se tem convicção, suas palavras são boas, animam, fortalecem, têm verdade e produzem conselhos pautados em princípios, pensando sempre no bem-estar de todos.

Quem tem propósito de vida visa o coletivo, seu sonho passa por pessoas, sua qualidade de vida é baseada na sua visão, que o leva cada vez mais longe, e seu ser e o ambiente têm paz. Quem tem propósito de vida caminha com um time, prossegue com as boas obras sem ligar para críticas sem fundamento nem propostas fora do propósito. Quem tem convicção do seu propósito de vida deixa um legado. Fique com seu propósito até o final.

A linguagem do Deus Todo-Poderoso, que rege o universo, existe na mente. Na sua cabeça está sua convicção. Cuide da sua saúde mental: por meio dela também é formada sua saúde emocional. Todo princípio de avanço e crescimento passa pelo entendimento e pela certeza de que as práticas da honra, gratidão, compaixão, perdão, benignidade, lealdade e respeito são uma semente. A lei do retorno é real e a convicção do propósito leva a esse estilo de vida.

> **QUEM TEM PROPÓSITO DE VIDA CAMINHA COM UM TIME, PROSSEGUE COM AS BOAS OBRAS SEM LIGAR PARA CRÍTICAS SEM FUNDAMENTO, PROPOSTAS FORA DO PROPÓSITO OU BARULHOS TENTANDO INTERFERIR.**

3. EXCELÊNCIA

A excelência é um estilo de vida. Há quatro tipos de pessoas nas áreas pessoal e profissional: ruim, bom, ótimo e surreal, ou seja, excelente.

- O ruim não se preocupa com os erros.
- O bom é comum e faz seu dever.
- O ótimo se destaca e faz um pouco além.
- O surreal é raro, ele faz o que ninguém faz.

Muitas pessoas gostam de excelência e desejam conquistas. Será que é justo sonhar com uma casa grande, linda e sofisticada, se no momento ela não cuida nem do próprio quarto, quanto mais da casa em que vive?

Seria incoerente querer ser promovido na empresa para um cargo de chefia, se como funcionário não exerce com excelência sua função?

Afinal de contas, por que devemos ser excelentes? O que provoca a excelência? Quais as consequências de ser excelente? Se os olhos do seu líder estivessem 100% sobre você durante seu período de trabalho, seus feitos seriam excelentes o suficiente para lhe garantir uma promoção?

Essas perguntas e outras reflexões serão feitas por meio dessa atitude poderosa. O primeiro esclarecimento básico sobre excelência é que uma pessoa excelente não é feita de hábitos isolados. Ser excelente abrange todos os hábitos daquele indivíduo, tudo que ele faz é executado com excelência, com dedicação, ele dá seu melhor. Atos individuais de excelência não significam que a pessoa é excelente.

DE ONDE VEM O PONTO DE PARTIDA DA EXCELÊNCIA?

Nas empresas, quase 70% da perda de clientes se deve ao fato de que o atendimento personalizado foi precário e sem excelência. Uma pessoa excelente não precisa ser altamente capacitada. Uma empresa inteligente deve oferecer treinamentos e capacitação como parte de sua cultura e da visão que ela oferece para o progresso de seus funcionários. O ponto-chave da questão é: se a pessoa não for excelente por iniciativa própria e em tudo que fizer, mesmo que seja uma pessoa inteligente e capacitada, seu trabalho será mediano.

Ser uma pessoa de excelência significa não se conformar com o bom. Para ser um líder e ter um time excepcionalmente produtivo é preciso que esse time seja incomodado, inconformado com o mais ou menos e com o bom. Nesse contexto, estamos falando de um incômodo positivo. Quando se tem um time solto, sem acompanhamento, sem *feedback*, sem reunião, sem direcionamento, ele vai se tornando improdutivo. As pessoas vão ficando desanimadas e começam a fazer somente suas tarefas e não produzem de acordo com todo o seu potencial.

Dessa maneira, é muito importante ter uma rotina de acompanhamento dos colaboradores, causando uma pressão positiva. A pior coisa que pode existir para a condução de um time é a indiferença, a negligência, quando o líder deixa o barco correr com acomodação, previsibilidade e desculpas. Ser inconformado e buscar sempre melhorar é ser excelente.

A prática da excelência nos faz viver histórias marcantes, bater recordes memoráveis e participar de momentos inacreditáveis. O verdadeiro crescimento de um líder de si mesmo começa com a excelência, é o momento em que você sai do raso e vai para as águas profundas em um mar de infini-

> **SER UMA PESSOA DE EXCELÊNCIA É NÃO SE CONFORMAR COM O BOM.**

> **A PRÁTICA DA EXCELÊNCIA NOS FAZ VIVER HISTÓRIAS MARCANTES, BATER RECORDES MEMORÁVEIS E PARTICIPAR DE MOMENTOS INACREDITÁVEIS.**

tas descobertas e aprendizados. É no hábito de ser excelente que se descobrem novos caminhos e novos tesouros. A excelência não está ligada a um tipo de função ou atividade, mas sim à maneira como se desempenha essa função. Seja servindo um café, cuidando de um jardim, atendendo o cliente, cuidando de uma criança, palestrando em uma empresa, operando um equipamento de som, cuidando de seus relacionamentos etc. No modo como você faz o que lhe vem à mão é que a excelência faz a diferença.

SER EXCELENTE É SER EXTRAORDINÁRIO!

A diferença entre o ordinário e o extraordinário está, exatamente, na aplicação do prefixo "extra". "Extra" significa que você tem de se doar mais, fazer mais, ir além, voluntariamente. Por exemplo, o Pelé, um ícone do futebol brasileiro, foi o melhor e ainda hoje é considerado único, porque depois dos treinos continuava treinando sozinho para ganhar habilidade e força nas pernas. Outro exemplo é o do jogador de basquete estadunidense Michael Jordan, considerado o melhor de todos os tempos; depois dos treinos, enquanto os outros jogadores iam descansar, ele ficava treinando arremessos. Esses atletas com certeza não estavam preocupados com a hora extra, queriam ser extraordinários. E isso é ser excelente, marcar uma geração e fazer a diferença.

A excelência diferencia o comum do extraordinário na hora de organizar seu quarto, seu trabalho, sua vida etc. Se você não for excelente, será apenas mais um, e o mais um nunca será lembrado.

Talvez você diga: "Eu não consigo ser excelente. Não fui educado assim pelos meus pais". A minha resposta é: dobre sua força e sua intensidade. Faça mais sem ninguém pedir. Depois de usar o banheiro do seu trabalho, deixe o vaso sanitário e a pia limpos pensando no próximo que vai usá-lo; faça projetos coerentes com suas ideias para a empresa e os apresente ao seu líder; recolha um papel amassado que viu no chão e jogue no lixo; lave a louça do jantar sem sua esposa pedir; faça sua cama antes de sair para trabalhar; acorde mais cedo e leve seus filhos para a escola com prazer; tenha mais tempo de qualidade com sua família, e por aí vai.

Essas atitudes do dia a dia também se estendem para as outras áreas da vida. O profissional que se esforça para fazer o melhor porque nele está enraizada a mentalidade de deixar sua marca cumpre sua função observando os detalhes, não desperdiçando material e tempo no trabalho, pensando no coletivo e não sendo egoísta, promovendo e motivando seus liderados e também corrigindo sem diminuir seus colegas. Ele lê e-mails e responde, cumpre sua *checklist* diária, organiza o próprio tempo para não ficar ocioso nem sobrecarregado, sabe trabalhar em equipe, é motivado a superar as metas e bater recordes, é ensinável, traça planejamentos em curto, médio e longo prazos, aprende com os erros dos outros e com os próprios, não repete os mesmos erros, busca conhecimento e pratica esse conhecimento no trabalho, supera desafios e é proativo.

Para ser excelente, é necessário também colocar intensidade em tudo o que se faz, e assim superar as expectativas que as pessoas colocam sobre você ou seu trabalho. E intensidade não é a famosa ação fogo de palha, que não tem raiz. Antes de ser intenso, é preciso compreender que a excelência começa com seus hábitos, é uma atitude interna que, com a prática se torna natural.

As perguntas-chave para as pessoas que querem viver a excelência são:

- Você é excelente nos seus planejamentos pessoais?
- Você sabe onde quer chegar daqui a cinco anos?
- Você sabe planejar tudo o que deseja alcançar?

Uma pessoa excelente visualiza primeiro seus projetos, em seguida traça o caminho e depois segue o plano para conquistar o que deseja. Ela não perde tempo nem foco com imaturidades. Ela é excelente e sabe aonde quer chegar, conhece a hora de agir e a de esperar. O que está nas mãos de alguém excelente sempre prospera. Quem não é excelente pode receber ouro nas mãos que vai transformá-lo em nada, pois não é produtivo. Riqueza não gera excelência, mas excelência gera riqueza.

Decida ser excelente. Não importa o que você faz ou quanto ganha, você pode varrer a rua ou ser diretor de uma grande empresa, tudo vai depender das suas crenças interiores e dos seus hábitos. Excelência atrai excelência. Se você for excelente no que faz, é uma questão de tempo para crescer, ser promovido ou gerar impacto nas pessoas ao seu redor, que notarão quanto você é excelente.

Ao contrário do excelente e do extraordinário, o negligente é conformado com qualquer coisa, e por isso será sempre qualquer coisa. Ele não entende que o poder de comandar sua vida está nas suas mãos e por isso não cria sua própria realidade; na verdade, ele não se importa em ser reconhecido como uma pessoa irresponsável, porque seus valores internos estão desajustados. Uma pessoa excelente busca fazer o melhor porque entende que servir com excelência é um bem que ela faz para si mesma, já que o melhor que ela faz para os outros está ligado a quem ela é de fato, e no final das contas a maior beneficiada com seu trabalho maravilhoso é ela mesma. E o excelente ainda manifesta sua marca e, em consequência, passa a ser reconhecido como um profissional e um ser humano diferenciado da maioria.

Infelizmente, a maioria das pessoas permanece na mediocridade pois acha que está sendo explorada, que não precisa fazer muito bem-feito porque o patrão não merece e é ele quem sai ganhando com o esforço do funcionário que cuida dos detalhes ou faz algo extra. Então, na mentalidade pequena dessas pessoas, ser excelente é coisa de quem é bajulador. Ledo engano. É certo que a lei do retorno é real: o que eu pratico com excelência em qualquer lugar e em qualquer área da minha vida volta para mim mesmo; e o fazer com excelência não vem de atitudes calculadas mas faz parte da minha essência.

A pessoa excelente obtém conquistas, o negligente arranja desculpas. O negligente não tem expectativas e realizações. O excelente é inconformado com o bom, sempre tem convicção de que seu trabalho pode melhorar e, para isso, faz uma autoanálise diária. Outro hábito poderoso dos que buscam a excelência, além da crença na lei do retorno, é o cultivo da excepcionalidade, ou seja, não fazer o que todo mundo faz. Por exemplo: todas as empresas estão em crise – exceto a minha; todos assistem à

> **O EXCELENTE AINDA MANIFESTA SUA MARCA E, EM CONSEQUÊNCIA, PASSA A SER RECONHECIDO COMO UM PROFISSIONAL E UM SER HUMANO DIFERENCIADO DA MAIORIA.**

novela – exceto eu; todos desprezam as autoridades – exceto eu; todos reclamam da economia, da política e da situação do Brasil – exceto eu; todo mundo é relaxado – exceto eu; ninguém gosta de receber ordens – exceto eu etc. Esse comportamento e raciocínio são típicos de uma mente que não participa da massa de manobra. Pessoas assim têm bom senso e autocrítica para serem excelentes e bem-sucedidas.

Na minha empresa, uma excelente funcionária que foi bem-sucedida em três promoções desejou se candidatar a mais uma. Daquela vez, a escolha do colaborador ideal para o cargo proposto seria feita por uma seleção interna e a vaga estaria disponível para várias áreas da empresa. A funcionária candidatou-se e, no dia da sua entrevista, eu perguntei:

— Por que você quer concorrer a esse cargo?

Ela respondeu:

— Eu já fui promovida três vezes na empresa e em todas elas tive êxito e alcancei as metas desejadas, e nesse novo cargo não será diferente. Vou reproduzir aquilo que já fiz nas três oportunidades anteriores, vou bater recordes e serei excelente. Farei meu melhor para alcançar as metas. Por isso, mereço ser promovida mais uma vez.

Eu respondi:

— O cargo é seu!

Por que ela conseguiu? Porque esse tipo de funcionário não precisa falar muito, tem evidências práticas e reais do seu trabalho bem-sucedido. Sua marca é notável. Para concluir, compartilho duas regras fundamentais dos excelentes:

1. Não entre em cena sem ensaio se vai fazer uma apresentação em público utilizando equipamentos como: mesa de som, data show, *notebook*,

microfone ou se vai apresentar gráficos em uma reunião, por exemplo. Teste mais de uma vez, cheque o ambiente, certifique-se de que os equipamentos estão bem instalados, cheque as baterias, cheque tudo; antes de falar em público, treine na frente do espelho, faça seu esboço, organize suas ideias. Ao participar de uma reunião, confira os documentos que serão apresentados, se não têm erros, se é possível melhorá-los, apresente os gráficos de uma maneira didática. Essa regra vale para qualquer profissional. Muitos com o passar do tempo desprezam o valor do ensaio pois acham que já sabem tudo. Se você pensa assim não se conforme com isso, você jamais saberá de tudo nem será bom o suficiente; a vida é dinâmica e há sempre muito mais para aprender e ensaiar.

2. A excelência começa agora, não no futuro. Não esqueça, a excelência não vem de atos calculados, faz parte de quem você é nos mínimos detalhes. Trabalhe por prazer e pelo desejo de conquistar e assim vai romper barreiras.

4. PROATIVIDADE

Assuma o controle da sua vida! Tomar iniciativa, contribuir com as próprias ideias e ser autônomo são as atitudes de um colaborador proativo. A proatividade é uma das qualidades mais valorizadas nas organizações. A capacidade de contribuir e não ser passivo diante de uma tarefa mostra a motivação e maturidade de quem trabalha em função de resultados. O proativo inspira pessoas e influencia o ambiente.

Conheço uma história clássica que ilustra muito bem e de maneira didática essa qualidade ímpar que é a proatividade:

Certa vez, em uma pequena empresa, o funcionário Pedro, que estava há seis meses lá, recebeu uma promoção do seu chefe. Os funcionários antigos ficaram revoltados, até que um deles criou coragem para ir até o chefe reclamar.

João, que trabalhava na empresa há seis anos, entrou na sala do diretor e disse:

— Bom dia, senhor Ricardo. Ontem, fiquei sabendo que o Pedro foi promovido. Achei uma injustiça e vim aqui conversar com o senhor sobre quais os critérios que a empresa usa para promover funcionários, porque eu já estou aqui há seis anos e nunca fui promovido. Trabalho todos os dias, não falto e não chego atrasado. Já o Pedro mal chegou na empresa, está aqui há seis meses e já recebeu uma promoção. Por favor, senhor Ricardo, me explique os critérios.

O diretor, tranquilo, olhou para João e falou:

— João, aproveitando que está aqui na minha sala, lembrei de uma situação que preciso resolver agora, veja se pode me ajudar. Hoje eu gostaria de servir para os funcionários na hora do almoço umas laranjas bem doces e bonitas. Sei que aqui na frente do prédio, do outro lado da rua, tem uma quitanda. Você poderia ir lá, ver o orçamento de oitenta laranjas e perguntar se é possível que eles as preparem cortadas para serem servidas como sobremesa no almoço de hoje?

João ficou sem entender aquele pedido do diretor, pois ele não tinha respondido sua pergunta. Meio bravo, ele se controlou e disse:

— Comprar laranja? Tudo bem, eu posso ir lá na quitanda para o senhor e verificar se eles têm essa quantidade e se podem entregar antes do almoço.

João saiu do prédio, atravessou a rua e, quando chegou na frente da quitanda, viu que ela estava fechada e uma placa na porta avisava: "Amanhã a quitanda abre!". Olhou no relógio e já passava das 9h30, portanto, pensou que o melhor seria convencer o chefe a deixar as laranjas como sobremesa para o dia seguinte. João voltou e foi falar com o diretor:

— Fui à quitanda aqui da frente mas está fechada, amanhã ela volta a funcionar. Eu vi a placa. Como já está perto do almoço, acho melhor deixar para amanhã. Assim que eu chegar amanhã de manhã, vou lá e encomendo para o senhor.

O diretor respondeu:

— João, espere um pouco. Vou verificar algo.

Ele pegou o telefone e ligou para Pedro, o funcionário promovido, e passou para ele o mesmo *briefing*. O interessante foi que o diretor não contou para Pedro que a quitanda estava fechada, só deu a mesma ordem:

— Quero oitenta laranjas para a sobremesa do almoço de hoje. Por favor, verifique na quitanda aqui na frente e traga o orçamento para mim. Estou esperando na minha sala.

Ao desligar o telefone, ele pediu licença ao João para ir ao banheiro. Ao retornar, prosseguiu:

— E então, João, o que mesmo você estava falando?

Antes que João começasse a responder, alguém bateu à porta. Era Pedro. O diretor pediu para ele entrar, e perguntou:

— Verificou o que eu pedi?

Pedro respondeu:

— Diretor, eu fui na quitanda aqui na frente e vi que estava fechada, então lembrei que a duas quadras daqui tem um mercado que também vende frutas. Cheguei lá e falei com o gerente sobre as laranjas, ele tem a quantidade que o senhor deseja e até mais, se precisar. Eu experimentei as laranjas – são deliciosas – e ele pode entregar as frutas todas cortadas. Fez o orçamento e falou que vai fazer um desconto para o senhor. Vi também que no mercado há outras frutas, como abacaxi, banana, uva, mamão, melancia, manga, morango. Se o senhor quiser encomendar todo dia uma fruta diferente para a sobremesa dos funcionários, ele pode fazer um superdesconto. Está aqui o papel com os valores. E este é o contato do gerente. Já deixei tudo certo e, caso o senhor queira comprar as laranjas ou outra fruta ainda hoje, posso ligar que ele manda entregar em vinte minutos no máximo.

O diretor agradeceu Pedro pela missão cumprida e despediu-se dele avisando que ia acabar de conversar com João e depois resolver o assunto das laranjas. Em seguida, olhou para João, que estava pálido e com uma expressão de vergonha. O diretor fitou-o nos olhos e indagou:

— João, qual era mesmo o assunto que você queria falar comigo?

João respondeu:

— Não era nada.

Levantou-se da cadeira e saiu da sala meio atordoado, compreendendo o que seu chefe quis ensinar sobre a valorização de um funcionário proativo.

Essa história é perfeita, pois, por incrível que pareça, a maioria das pessoas não é proativa. O papel dos líderes é gerar oportunidades e o papel dos colaboradores é serem proativos.

5. COMUNICAÇÃO

Você sabe qual é um dos principais motivos de separação em um casamento? Sabe por que algumas empresas declaram falência? Será a concorrência? Por que existem desentendimentos ou brigas sérias entre pais e filhos? Conhece a real importância de como se vestir, andar ou falar? Afinal, o que todas essas perguntas têm em comum?

Em um belo dia de sol, um casal estava à mesa tomando seu simples e delicioso café da manhã, iniciando as comemorações dos seus cinquenta anos de casamento. A esposa, como sempre, pegou um pão francês, cortou e tirou o miolo, passando a manteiga nele. Ela sempre ficava com a casca do pão, mas desta vez a entregou para o marido e ficou com o miolo para si, porque, depois de todos aqueles anos de casamento, decidiu fazer diferente e realizar seu desejo pelo menos uma vez, já que ela renunciava ao miolo todos os dias só para agradar ao marido. Para sua surpresa, naquela manhã, quando ela entregou a casca do pão ao marido, ele deu um largo sorriso e disse:

— Muito obrigado, meu amor, por me dar esse presente. Durante esses cinquenta anos eu sempre quis comer a casca do pão, mas como eu sabia que você gostava dela, eu deixava e comia o miolo.

Essa simples história retrata um grande problema que acontece nas empresas, nos relacionamentos, na família, na criação dos filhos e em muitos outros lugares; trata-se da falha na comunicação, da comunicação ineficaz ou ainda da inabilidade de se comunicar com assertividade. Muitos problemas poderiam ser resolvidos facilmente e com agilidade, mas, pela falta de comunicação, os problemas acabam se agravando a ponto de não terem saída e causar rupturas.

A habilidade mais importante para facilitar sua vida em família, na empresa, na igreja, nos seus relacionamentos e por onde você for é a comunicação. Comunicar é a ação que vira a chave em muitas situações, e é vital. O tempo todo nós nos comunicamos. Todos os problemas, sejam quais forem, têm como uma das principais causas um erro na comunicação. Faça uma reflexão sobre os problemas mais difíceis que já enfrentou e vai perceber que houve problemas na comunicação.

> **COMUNICAR É A AÇÃO QUE VIRA A CHAVE EM MUITAS SITUAÇÕES, E É VITAL. EM TUDO E O TEMPO TODO NÓS COMUNICAMOS.**

Um exemplo até engraçado e muito interessante é a história que um amigo compartilhou comigo. Esse rapaz estava conhecendo uma moça e, para impressioná-la, a convidou para jantar em um restaurante japonês maravilhoso, caríssimo, o melhor da cidade e com um atendimento excelente.

Porém, faltou um detalhe: esqueceu de perguntar à moça se ela gostava de comida japonesa. Mal sabia ele que ela detestava comida japonesa. Resumo da história, o encontro deles foi um fracasso, deu tudo errado. E qual foi o motivo? Falta de comunicação assertiva. A lição é: não importa se sua intenção é boa, se você não souber se comunicar da maneira correta, vai dar errado. Esse simples exemplo do meu amigo mostra isso.

Em outras situações, há aqueles que comunicam, mas da maneira errada com suas atitudes, gestos, expressões e comportamento. Nesses casos, os problemas se agravam ainda mais e, com repetições, logo chega a fase do esgotamento, gerando separação emocional e até física entre as pessoas. Você pode estar pensando: "Meu problema não é comunicação, porque eu falo tudo, falo demais, não deixo nada passar em branco". Às vezes, você pode estar falando bastante, mas sem comunicar nada e muito menos conectando as pessoas.

O retrato de uma empresa, no mercado e internamente, pode ser de sucesso se ela souber comunicar bem e com clareza. Ao contrário, se os gestores não conseguem estabelecer uma comunicação efetiva, a imagem pode ser de fracasso. Não é o concorrente que quebra a empresa. Há muitas franquias que, em determinados locais, têm lojas lotadas, e em outros, vazias. O que faz a diferença é a maneira como essas franquias comunicam.

A maior dificuldade de uma empresa é a falha de comunicação entre seus líderes e liderados, o que gera resultados ruins. Uma empresa de sucesso se comunica muito bem e em todas as instâncias, do diretor para os gerentes, dos gerentes para os supervisores, dos supervisores para os funcionários. Nessa empresa, todos conhecem a linguagem da corporação, e assim a empresa prospera.

COMO ESTÁ SUA COMUNICAÇÃO COM SEU CLIENTE?

Você pode até se comunicar se souber falar, mas só vai conectar se souber ouvir. O segredo da comunicação é a sensibilidade para perceber a necessidade e o desejo do outro, e assim, responder de maneira eficaz. Por exemplo, se a equipe de vendas da sua empresa está ruim, é porque ela não está sabendo se comunicar da maneira correta. Essa equipe tem de passar confiança para o cliente e assim estabelecer a relação comercial. Quando a comunicação é bem elaborada, há sucesso.

Quem comunica bem para duas, três pessoas terá a capacidade de comunicar bem para muito mais gente.

QUEM SÃO AS PESSOAS NOS SEUS RELACIONAMENTOS, NA SUA FAMÍLIA, COM AS QUAIS VOCÊ NÃO CONSEGUE SE COMUNICAR?

Pense bem sobre isso e perceba que, se houvesse uma mudança da sua parte para comunicar com eficácia, vários problemas seriam resolvidos. Mude sua maneira de se comunicar com as pessoas, descubra a linguagem que elas mais apreciam e desenvolva a habilidade de falar com elas da maneira que entendem melhor.

A arte da comunicação significa conectar-se de maneira que o outro entenda. É o famoso *feedback*. É preciso observar se você está se fazendo entender, ter humildade para corrigir suas falhas e realmente se interessar pelo coração e pelas percepções do outro.

COMO VOCÊ SE COMUNICA CONSIGO MESMO?

Se não conseguir se ouvir e se conectar consigo mesmo, será quase impossível se comunicar com as pessoas da maneira correta. Como já citei, e volto a repetir, as pessoas com quem você se relaciona, os conselhos que ouve e os referenciais que tem falam muito ao seu respeito. Quais são as vozes da sua mente? Pare para se ouvir, para refletir sobre sua jornada, seus comportamentos, seus erros, seu crescimento em determinada área. Quem escuta a si mesmo aprende a hora certa de falar, como falar e o que falar.

As pessoas que caminham com você o alimentam positivamente ou envenenam? Escute a si mesmo, fale consigo mesmo e selecione as vozes que ecoam na sua mente. A comunicação tem o poder incrível de transformar pessoas.

COMO VOCÊ FALA? O QUE FALA? QUANDO FALA?

A maneira de falar, o tempo certo de calar. O conteúdo da sua comunicação. Todas essas questões interferem no contexto da sua mensagem. Em algumas situações, você pode estar certo, mas por não saber se expressar ou ter seus gestos alterados, perde a razão. Em outros casos, o silêncio comunica também e sua linguagem corporal diz tudo. Para ter uma comunicação assertiva, é importante observar que 7% da comunicação é verbal e 93% da comunicação é não verbal. A comunicação não verbal são os gestos, expressões faciais, postura, maneira de vestir, tom de voz etc.

O tempo inteiro nós nos comunicamos. Saiba que nunca mais terá uma segunda chance de causar uma primeira impressão. Procure estar apresentável e de acordo com cada situação, já que sempre será observado por alguém e também sempre será uma referência para alguém – em especial no ambiente de trabalho.

Na era digital e dos relacionamentos via redes sociais o que você transmite por esses canais expressa sua alma, é seu porta-voz. Rede social é sua imagem. As empresas sérias hoje têm funcionários de RH especializados para conferir as redes sociais de um candidato a uma vaga de emprego, e saber se ele é desequilibrado emocionalmente, se expõe demais sua vida pessoal e profissional, se critica empresas para as quais já trabalhou, se apoia ou não determinadas causas sociais.

Reveja suas postagens e seus conceitos a respeito da exposição nas redes sociais. Imagine que você está em um auditório com o número de seguidores que tem nas redes. Fale para esse auditório o conteúdo que vem postando. Se você costuma expor suas emoções ou seus dramas pessoais, será que não ficaria envergonhado de comentar essas coisas olhando nos olhos das pessoas?

Imagine que aquela foto postada nas redes teve inúmeras cópias impressas e foi espalhada por diversas praças e locais públicos do país. Você gostaria que aquela imagem sua se propagasse desse jeito?

Muitas pessoas postam sobre seus relacionamentos, depois trocam de namorados e a plateia toda vai acompanhando sua vida íntima. As redes sociais mostram tudo o que você expõe. É a maneira como as pessoas o veem.

São suas ideias e projeções de si mesmo para empresas, amizades, namoros, líderes, para todas as áreas. Comunique informações boas, não propague destruição, cuide de sua autoimagem. Pense sobre isso!

Para concluir, não esqueça que há poder nas palavras. Elas podem trazer vida e saúde emocional. Cultive palavras boas e positivas que levam ao crescimento em todas as áreas da sua vida. Use a comunicação para construir, para fazer a diferença. Assim, será bem-sucedido.

6. AUTORRESPONSABILIDADE

É a convicção de que você é o único responsável pela vida que tem levado. Cada um tem a vida que merece e que você está de acordo com seus esforços. É muito mais fácil arranjar culpados e dizer que a empresa faliu por causa da crise, que sua vida vai mal por causa da esposa ou do marido, que não conseguiu estudar porque não teve oportunidades, que não evoluiu no trabalho por causa do chefe que não o valoriza, que seus filhos são desobedientes por causa da avó etc. Reconhecer que as coisas estão dando errado por causa dos seus fracassos, dores e erros é mais difícil, porque gera confronto, mas é libertador e constante.

A autorreponsabilidade, um conceito que o master coach Paulo Vieira tornou conhecido da grande massa, nos ensina que tudo que acontece na nossa vida é mérito nosso, até o que você tem no banco é mérito seu. Criamos nossa vida em todas as áreas com

> **COMUNIQUE INFORMAÇÕES BOAS, NÃO PROPAGUE DESTRUIÇÃO, CUIDE DE SUA AUTOIMAGEM. PENSE SOBRE ISSO.**

base em nossas tomadas de decisão. Por exemplo, a escolha do marido ou esposa foi você quem fez, a educação dos seus filhos é responsabilidade sua, a vida profissional foi você quem realizou: seja por ação ou por omissão, tudo é resultado da direção que escolheu para sua vida. Diante dessas percepções, é importante entender que você tem de assumir não a culpa, mas a responsabilidade.

Assumir responsabilidade gera uma velocidade extraordinária na sua vida. Você passa a entender que neste mundo há uma dinâmica sincrônica e que nada é por acaso. Para a maioria das pessoas, é cômodo não assumir a responsabilidade e jogar para terceiros os erros da sua vida. Há uma máxima que diz que cada pessoa tem aquilo que merece, seja o cônjuge, a profissão, o chefe: o que houver, é resultado da sua colheita. Na vida, todos têm sua parcela de contribuição.

Ninguém é perfeito, mas essa percepção não nos dá o direito de sermos vítimas das nossas limitações. Da mesma maneira, o defeito do outro não nos dá o direito de culpá-lo pelas coisas ruins que acontecem conosco. De maneira consciente ou inconsciente, a qualidade dos seus pensamentos ou a força da sua mente determinam quem você é. Não existe coincidência, existe a lei da semeadura, as plantações que fez com suas escolhas ao longo dos anos.

Somos resultado dos nossos comportamentos e da nossa comunicação. A maneira como você trata seus clientes, seus funcionários, sua família, seus amigos é

> **NINGUÉM É PERFEITO, MAS ESSA PERCEPÇÃO NÃO NOS DÁ O DIREITO DE SERMOS VÍTIMAS DAS NOSSAS LIMITAÇÕES.**

o que você colhe e vai continuar colhendo. A maneira como gasta ou deixa de gastar seu dinheiro, o que investe ou não investe, o que aprende ou deixa de aprender, o que despreza e o que dá importância: tudo isso você vai colher.

Todas as nossas semeaduras são irremediáveis e vêm da nossa essência. A transformação é de dentro para fora. Assuma suas responsabilidades, posicione-se diante das questões da sua vida e comece a mudar a sua rota.

Eu fui criado na subida do Morro do Viradouro, em Niterói, no estado do Rio de Janeiro. Nessa região, muitos adolescentes e jovens entram para o crime devido à influência das más companhias. Eu não aceitava isso para a minha vida, meu espírito era empreendedor, o que me levou a lavar carros e vender sacolé durante a adolescência, apesar de ser um pouco tímido. Mesmo assim venci os meus medos, tornei-me vendedor de lojas, no começo da minha juventude vendia Yakult de porta em porta, ganhei um salário mínimo durante muito tempo, mas sempre sonhava em crescer mais e mais. Passei por muitas mudanças, cometi erros e acertos, corrigi os erros, busquei conhecimento e tive coragem de agir. Hoje, colho o fruto dessa persistência.

Assumir a responsabilidade pela nossa vida é agir em direção aos nossos ideais, prezando por todas as características poderosas que encontramos no U3D, o apaixonado. Assuma o controle, vença as batalhas, lute, celebre as conquistas, avance sempre e não pare de aprender. Deus é soberano, mas ele nos fez com essa máquina poderosa que é nossa mente, para a usarmos a nosso favor, prosperar e crescer. Para isso, é preciso ter autorresponsabilidade.

7. HONRA

O que é honra? É uma virtude carregada de um poder extraordinário. Honrar é submeter-se às autoridades. É entender a importância de honrar a Deus, a família, os líderes e os liderados. É valorizar, respeitar e prestigiar as pessoas, sendo elas do nosso convívio ou não. É saber recepcionar bem, é manifestar gratidão, é reconhecer as habilidades, é promover, é servir com excelência, é prestigiar alguém, tratar com distinção, é recompensar alguém pelo seu mérito, é ser humilde para respeitar cada pessoa e reconhecer seu valor. O princípio da honra gera credibilidade, finca a lealdade e reflete a integridade. Honrar é tratar com dignidade.

O oposto da honra é a desonra. Quem desonra tem na sua essência o egoísmo e o orgulho, busca apenas os próprios interesses e não sabe amar, pois o verdadeiro amor não busca os próprios interesses. Quem não pratica a honra gosta só de ser servido e de ser o centro das atenções. Em geral, quem desonra gosta de reclamar e de falar mal dos outros, levantar calúnias. Não existem líderes e liderados perfeitos, porém as falhas deles não podem ser motivo para expormos essas pessoas à humilhação e à desonra perante colegas de trabalho. A prática e o sentimento de honra são: ser grato, ser doador, ser reconhecedor do valor do outro, sempre procura semear o bem e beneficiar os outros.

Como se honra alguém em uma empresa?

Vemos muitos exemplos de pessoas na mídia que desconhecem o princípio da honra e influenciam os jovens a desonrar seus pais e, por consequência, a serem futuros profissionais que não honram seus líderes. Na contramão, empresas com valores e missão definidos sabem onde querem chegar e por isso valorizam colaboradores que sabem honrar.

Cada setor da sua empresa tem importância e todos têm que funcionar como uma engrenagem. Reconheça o valor dos seus funcionários, providenciando uma boa estrutura para desenvolverem seu trabalho. Recompense os colaboradores mais proativos e produtivos com prêmios. Invista na educação, no conhecimento deles. Como líder, é muito importante honrar sua equipe de liderados, que são líderes de outros, sem tirar a autoridade deles diante da equipe. Mantenha a palavra de cada um sempre.

Não adianta honrar seus líderes se você desonra seus liderados. Todos os colaboradores são importantes, portanto, merecem ser tratados com respeito e dignidade. Imagine se um colaborador de serviços gerais executar mal seu papel na área da limpeza por três dias, como ficaria o banheiro? Na cultura da honra, nós também prezamos pelo líder diante dos liderados; por exemplo, se um líder comete um erro, jamais será exposto diante da sua equipe. O assunto é sempre tratado em particular com o líder, e mesmo que o erro gere ônus para a empresa, nós pagamos o preço. Essa é uma maneira de honrá-lo. Um time de futebol nos ensina muito sobre essa prática: todos são uns pelos outros, seja na vitória ou na derrota, e o técnico continua sendo respeitado.

O princípio da honra gera prosperidade espiritual, emocional, física e material. Honrar produz uma semeadura de bondade e uma colheita de generosidade. Honrar alguém não nos diminui e eleva a outra pessoa.

Uma questão para pensar: quando você honra alguém comprando-lhe um presente ou convidando-o para um jantar, por exemplo, honra essa pessoa baseado no que você gosta? Se a resposta é sim, aprenda: não faça isso! É preciso honrar uma pessoa de acordo com as preferências dela.

As pessoas não mudam suas ações enquanto não souberem quanto você se preocupa com o coração delas. Pense no coração dos seus colaboradores e eles vão agir em direção ao seu sonho.

> **NÃO ADIANTA HONRAR SEUS LÍDERES SE VOCÊ DESONRA SEUS LIDERADOS.**

8. EXPECTATIVA

Nossas expectativas movem nossas ações. Muitos veem a criação de expectativa a respeito de resultados como algo ruim. No entanto, eu afirmo que é impossível não criar expectativas. E há diferença entre a expectativa carregada de sentimentos como insegurança, ansiedade e a inquietação; e a expectativa que podemos chamar de boa, carregada de sentimentos como esperança, persistência, confiança e positividade.

Todo ser humano é movido por expectativas. Todo ser humano é sensível às emoções. Por exemplo, quando assistimos a um filme, seja uma comédia, drama, ação, seja um suspense, como telespectadores nossas reações surgem de acordo com o desenrolar da história. Muitos gargalham, sentem tristeza, alguns choram, assustam-se ou sentem adrenalina subir. Enfim, experimentamos as emoções que o filme passa e criamos expectativas sobre o final, assistimos ao filme todo porque queremos saber como vai terminar e queremos que os acontecimentos finais estejam sempre de acordo com a expectativa que criamos. Quando o final é diferente do que idealizamos, não gostamos do filme.

Outro exemplo é a expectativa que as noivas criam sobre a festa de casamento. É incrível como elas observam os detalhes, escolhem as

> **QUANDO O FINAL É DIFERENTE DO QUE IDEALIZAMOS, NÃO GOSTAMOS DO FILME.**

cores, cada doce, cada salgado, o bolo, cada item da decoração, cada momento da programação, a iluminação, as músicas, o vestido, a maquiagem, os sapatos, os acessórios etc. As noivas conseguem organizar mil coisas ao mesmo tempo porque a expectativa delas é realizar a festa dos seus sonhos, é uma idealização cultivada por anos. Elas se imaginam vivendo esse momento único tão esperado.

Conheço uma história interessante e desafiadora de um problema enfrentado por pescadores japoneses, que retrata bem a importância de gerar expectativa.

PONHA UM TUBARÃO EM SEU TANQUE

Os japoneses sempre gostaram de peixe fresco. Porém, as águas ao redor do Japão não têm muitos peixes há décadas. Assim, para alimentar sua população, o país aumentou o tamanho dos navios pesqueiros e começou a pescar mais longe do que nunca. Quanto mais longe os pescadores iam, mais tempo levava para o peixe chegar. Se a viagem de volta durasse mais do que alguns dias, o peixe já não era mais fresco.

Como o peixe não era fresco, os japoneses não gostavam. Para resolver esse problema, as empresas de pesca instalaram congeladores em seus barcos. Eles pescavam e congelavam os peixes em alto-mar. Os congeladores permitiram que os pesqueiros fossem mais longe e ficassem em alto-mar por muito mais tempo. Entretanto, os japoneses conseguiram notar a diferença entre peixe fresco e peixe congelado, e é claro, não gostavam deste último, embora os preços dele fossem mais baixos.

Assim, as empresas de pesca instalaram tanques nos navios pesqueiros. Eles podiam pescar e colocar os animais nos tanques, amontoados "como sardinhas". Depois de certo tempo, pela falta de espaço, os peixes paravam de se debater e não se moviam mais. Chegavam cansados e abatidos, porém, vivos.

Infelizmente, os japoneses ainda conseguiam notar a diferença. Por não se mexerem por dias, os peixes perdiam o frescor. Os japoneses preferiam o gosto de peixe fresco e não o de peixe apático. Então, como as empresas resolveram este problema? Como conseguiram levar ao Japão peixes com gosto de puro frescor?

Se você estivesse dando consultoria para a empresa de pesca, o que recomendaria?

Quando as pessoas atingem seus objetivos, como encontrar um namorado maravilhoso, começar com sucesso numa empresa nova, pagar todas suas dívidas ou o que quer que seja, podem perder suas paixões. Talvez comecem a pensar que não precisam mais trabalhar tanto, então, relaxam. Passam pelo mesmo problema que os ganhadores de loteria que gastam todo seu dinheiro ou o mesmo problema de alguns herdeiros que nunca conseguem crescer e de pessoas que, entediadas, ficam dependentes de tranquilizantes.

Para esses problemas, incluindo o dos peixes dos japoneses, a solução é bem simples.

Quanto mais inteligente, persistente e competitivo você é, mais gosta de um bom problema. Se seus desafios estão de um tamanho correto e você

> **QUANTO MAIS INTELIGENTE, PERSISTENTE E COMPETITIVO VOCÊ É, MAIS GOSTA DE UM BOM PROBLEMA.**

consegue, passo a passo, conquistá-los, fica muito feliz. Pensa em seus desafios e se sente com mais energia. Fica animado para tentar novas soluções. Você se diverte. Sente-se vivo!

Para conservar o gosto de peixe fresco, as empresas de pesca japonesas ainda colocam os peixes dentro de tanques. Mas também adicionam um pequeno tubarão em cada tanque. O tubarão come alguns peixes, mas a maioria dos peixes chega "muito viva", porque é desafiada.

Portanto, em vez de evitar desafios, pule dentro deles. Massacre-os. Curta o jogo! Se seus desafios são grandes e numerosos demais, não desista. Reorganize-se! Busque mais determinação, mais conhecimento e mais ajuda.

Se alcançou seus objetivos, imponha a si mesmo objetivos maiores. Assim que suas necessidades pessoais ou familiares forem atingidas, vá de encontro aos objetivos do seu grupo, da sociedade e até da humanidade. Crie seu sucesso pessoal, mas não se acomode nele.

Você tem recursos, habilidades e destrezas para fazer diferença.

Ponha um tubarão no seu tanque e veja quão longe de fato pode chegar.

Quais são suas expectativas? Como tem gerado suas expectativas?

Como tem gerado expectativas em seus liderados?

É essencial obter essas respostas, pois elas o impulsionam em direção ao crescimento.

9. LEALDADE

Toda lealdade é testada na adversidade. Quando uma empresa passa por dificuldades de ordem financeira ou qualquer outro desafio, permanecerão produtivos e constantes aqueles que são leais. As pessoas leais entendem o que é caminhar em unidade e são as que mais prosperam. Não há nada mais poderoso do que um time unido. Os leais não deixam rastros negativos e sabem entrar e sair pela porta da frente, se precisarem.

> **TODA LEALDADE É TESTADA NA ADVERSIDADE.**

A lealdade existe onde há unidade, pois é ela que nos faz chegar mais longe e alcançar algo maior e melhor do que conseguiríamos atingir se estivéssemos sozinhos. Quando pessoas caminham unidas por um propósito maior, são semelhantes a um corpo que funciona com seus membros, sistemas, pensamentos e sentimentos interligados. É parecido com uma unha: quando está encravada, todo o corpo sente; todos os componentes do organismo são leais e não medem esforços para que a unha volte ao normal.

Esse exemplo de que os leais são unidos de modo semelhante a um corpo é fascinante. Particularmente, não gosto de usar as palavras grupo ou equipe para definir o nosso time, um detalhe que para mim é importante.

- **GRUPO:** é um amontoado de pessoas.
- **EQUIPE:** nem sempre caminha unida, soa como pessoas em um mesmo ambiente, mas que nem sempre estão 100% alinhadas em relação a um propósito maior.
- **TIME:** é um corpo, somos um.

Para o time, a missão está acima das questões pessoais, e por isso todos são leais e trabalham em prol de um objetivo maior. Não importa a função: como em uma partida de futebol, todos os jogadores são importantes e desempenham um papel único. Às vezes o goleiro vai para área aos 47 minutos do segundo tempo para fazer gol.

Dentro de uma empresa, a lealdade é cultivada. A melhor maneira de gerar lealdade é punindo os desleais, os maus-caracteres que roubam, mentem ou cometem qualquer tipo de deslealdade.

A lealdade é um valor recíproco entre o gestor e os colaboradores, visando o crescimento mútuo. A empresa leal ao seu colaborador também se preocupa em colocar o profissional certo na função certa. Há o reconhecimento por um bom trabalho realizado. Há compensação material, no sentido de premiar os colaboradores e proporcionar o melhor ambiente possível. E há ainda o plano de carreira. Como em um corpo bem cuidado, espera-se a saúde, ou seja, seu colaborador com certeza mostrará gratidão, produtividade, honra e todos esses sentimentos e atitudes importantes na cultura organizacional. É importante esclarecer que essas práticas de valorização do funcionário e a ética e resposta positiva do colaborador são fortalecidas em tempos difíceis. O leal não esquece o bem que já lhe fizeram e é eternamente fiel à missão.

> **PARA O TIME, A MISSÃO ESTÁ ACIMA DAS QUESTÕES PESSOAIS E POR ISSO TODOS SÃO LEAIS E TRABALHAM EM PROL DE UM OBJETIVO MAIOR.**

10. PRESSÃO E EMOÇÃO

Não há nada mais prazeroso do que estar em um lugar com pessoas cheias de emoções e com pressão que gera crescimento. Quer crescer? Tem de ter pressão!

Um avião, para subir, precisa do vento contrário. Um carro, para acelerar, precisa da pressão do motor. Você já ficou no meio de uma torcida organizada em um estádio? É pressão e emoção!

Pressão e emoção são vibrantes. Em um estádio, a pressão da torcida motiva os jogadores de futebol a atingir o alvo com toda a garra. Pressão e emoção geram explosão. A pressão a que me refiro é a euforia e a alegria para gerar bons resultados.

Sentimentos produzem ações. Por exemplo: quando está com medo você age ou fica acuado? Quando está com raiva, como é sua atitude, tranquila ou agressiva? Quando está amando alguém, como você age?

Algumas pessoas começam bem, mas terminam mal. Ficam desmotivadas no decorrer da jornada. Refletir sobre a fase do meio é crucial para permanecer com as emoções vibrantes e ser um canal de euforia, de alegria, de pressão para seu time.

Vamos às reflexões. Se você tivesse só mais trinta minutos de vida, qual missão acreditaria ter cumprido e o que gostaria de ter realizado, mas não realizou?

Certa vez, você acreditou em um sonho, em um projeto, era alegre no começo, tinha a maior alegria e o maior ânimo, tinha a certeza e a convicção do que queria conquistar. Desenhou algo no papel e acreditou que seria bom, lindo e ficaria maravilhoso. Dormia, sonhava e acordava motivado, entusiasmado e acreditava que iria realizar e vencer. Compartilhava com as pessoas o seu sonho, com muita convicção de que chegaria lá. Esse sonho era aquele cargo dentro de uma empresa, um curso ou algum projeto que você estava fazendo, e que cada vez mais gerava mais e mais ânimo.

Afinal, o que houve? De repente aquela pessoa vibrante, entusiasmada e com vontade de conquistar perdeu tudo isso. O que aconteceu no meio do caminho?

Infelizmente, isso acontece com 90% da população. A pessoa começa com brilho no olhar, sonhando em conquistar aquele emprego, cargo, formação, carro, aquela casa, aquele negócio próprio e, com o passar do tempo, no meio da jornada, o que acontece? O que ocorre para as pessoas começarem a frear? A ficarem desanimadas? A morrer? Não se esqueça! Se a alegria dos seus sonhos parar de existir, se seus sonhos pararem de brilhar, você estará morto.

Conheço pessoas que lutaram e conseguiram comprar um carro popular e tinham a maior alegria naquele carro. Então, prosperaram e conseguiam comprar um BMW, mas não tiveram mais alegria com o veículo. O que aconteceu em sua vida? Antes, tinham prazer na conquista das coisas pequenas, e agora não celebram as grandes. Não sentem mais a graça, deixaram virar rotina. Só é possível visualizar seu sonho se você tiver entusiasmo. Procurando imóveis para construir e inaugurar novas escolas, eu já consigo visualizar a escola pronta em locais onde a propriedade precisa ser demolida e erguida de novo.

Essa condição de desistência não depende de status social. Conheço pessoas que conquistaram o sucesso, mas estão mortas por dentro, são angustiadas e isoladas. Ter sucesso é muito relativo, existem muitos milionários que se sentem depressivos e gente que está no processo da conquista e é muito mais feliz e bem-sucedida no que faz. Eu tive sucesso em cada etapa da minha vida desde que comecei a trabalhar como vendedor. Eu era feliz e animado – e ainda sou. No dia em que eu acordar para cumprir apenas a rotina, para encarar as minhas atividades como um peso, podem me enterrar, pois meu lugar não é mais na Terra.

Voltando à pergunta: por que tudo isso acontece no meio do caminho?

ESFRIAMENTO

No meio do caminho, acontece o esfriamento. Com ele, não há geração de energia, que é a propulsora da criatividade. As melhores ideias vêm da criatividade. Grandes ideias com atitude geram encantamento. Há quanto tempo você não encanta ninguém?

Um líder que não encanta ninguém não é líder. Há pessoas com um monte de ideias, mas sem atitude para tirá-las do papel. Quem encanta revela a palavra surreal. O esfriamento gera morte.

PROCRASTINAÇÃO

Outro motivo é a procrastinação. Quantas pessoas procrastinam, deixam para executar as tarefas no último minuto do segundo tempo? O acúmulo da procrastinação gera um desgaste devastador. Quando você vai virar essa chave?

Entenda que o nosso cérebro é movido por duas grandes emoções: dor e prazer, que funcionam da seguinte maneira:

- A fuga da dor, do desprazer.
- O prazer da conquista, a busca do prazer

> **GRANDES IDEIAS COM ATITUDE GERAM ENCANTAMENTO.**

Com o prazer da conquista, cria-se expectativas sobre os sonhos. Expectativas movem nossas ações. Com qual expectativa você acorda?

Muitos não têm uma visão extraordinária do futuro. No meu quarto, tenho um mural com todos os meus sonhos, pessoais e profissionais. Todo dia olho para ele e falo: eu vou chegar lá! A busca pelo prazer da conquista me faz declarar em voz alta a realização dos meus sonhos todos os dias.

As pessoas sabem o que é bom para seu corpo, para sua mente, para sua vida e não fazem o certo porque não visualizam o futuro nem agem motivadas pelo prazer da conquista. Imagine alguém que vai ao médico e este diz: "Se você continuar comendo assim, vai morrer em cinco meses". No mesmo dia a pessoa vai começar a se alimentar bem e de maneira natural, agindo pela fuga da dor. A maioria das pessoas trabalha e age com essa motivação.

Infelizmente muitos trabalham só pelo medo de ser mandado embora ou para pagar suas dívidas. Poucos trabalham motivados pelo desejo de crescer, de melhorar, de contribuir significativamente com a empresa.

O que você precisa fazer para agir pelo prazer da conquista, para trabalhar com pressão e emoção?

1. **Troque a informação do seu cérebro**

    Condicione aquilo que você não pode fazer a uma dor. Conforme aprendi com o Paulo Vieira, algo que pode ajudar muito nesse processo é usar um elástico no braço e puxar quando for fazer algo improdutivo, como ver programas de TV alienantes, comer comida que faz mal ou falar algo que não deve; puxe o elástico várias vezes no seu braço e envie essa informação de dor para seu cérebro.

HERÓI U3D, O APAIXONADO

Daqui a um tempo, o cérebro vai entender que aquela atitude vai trazer dor e você vai perder o prazer em fazer a coisa errada. Isso vai ajudá-lo a ter disciplina.

2. **Deixe o conformismo de lado**

   O conformismo é o carcereiro da liberdade e o inimigo do crescimento. Uma palavra de confronto pode ser a cura para a realização de todos os seus sonhos. Há pessoas que fogem da verdade. Que não vão ao médico porque sabem que ele vai pedir que parem de beber e de comer certas coisas de que gostam, e nas quais até são viciadas, mesmo que façam mal à saúde delas. O conformado prefere arcar com as más consequências da sua inércia do que se esforçar para mudar para melhor. A pessoa está conformada com o mau hábito, com uma vida difícil. Sem acompanhamento, você não terá resultado e crescimento.

3. **Não seja displicente**

   Todo mundo já cometeu alguma displicência na vida. Alguns permanecem sempre cometendo-as. Como você cuida das suas coisas? Como é a organização e a limpeza do seu quarto? Como é seu carro?

   Claro que há momentos em que não dá para arrumar o quarto, a casa ou o carro. Tudo precisa de equilíbrio, eu não sou a favor de extremos, mas a pergunta é: sua vida é displicente?

> **O CONFORMISMO É O CARCEREIRO DA LIBERDADE E O INIMIGO DO CRESCIMENTO.**

Certa vez, um líder enviou um relatório de uma escola para mim, escrito à mão no papel amassado, tudo desorganizado. Isso não podia ser assim! É rir para não chorar, como diz o ditado. O ideal seria fazer um projeto, elaborar slides, ser excelente. O contrário da displicência é a excelência.

Em um treinamento que fiz para líderes na Febracis (Federação Brasileira de Coaching Integral Sistêmico), conheci um senhor de 91 anos que estava participando da imersão de quatro dias. Fui escolhido para fazer uma dinâmica sobre sonhos com esse senhor. Pensei: como vou perguntar sobre sonhos para um homem dessa idade? Para minha surpresa, o senhor Ernesto, com 91 anos, ainda tinha sonhos audaciosos, o que foi uma lição de vida para mim. Observei que esse homem chegou a essa idade e ainda era produtivo porque sonhava e não era displicente com a vida dele. É impossível sonhar coisas grandes sem ser excelente nas coisas pequenas.

4. Não foque nos problemas

Não permita que a fúria do mar o impeça de ver a beleza das águas. Problemas sempre existirão. Não os supervalorize. Pessoas que observam apenas os problemas perdem energia, perdem o brilho no olhar, perdem a emoção e são pessimistas. Não importa quanto elas cresçam, sempre vão enxergar os obstáculos como se fossem maiores.

Enfrente os problemas, solucione-os. Não foque no inimigo, ele não merece seu olhar e atenção. Olhe para a fonte da força.

5. **Não espere o futuro, provoque o futuro**

Fale com o futuro. Declare suas conquistas. Tenha convicção do que diz. Visualize o futuro hoje e imagine as transformações antes de elas acontecerem. Seu prazer deve estar no que vai acontecer, revelando o que era impossível. O líder é um desbravador de caminhos que outros diziam ser impossível.

> ENFRENTE OS PROBLEMAS, SOLUCIONE-OS. NÃO FOQUE NO INIMIGO, ELE NÃO MERECE SEU OLHAR E ATENÇÃO. OLHE PARA A FONTE DA FORÇA.

Liderança é despertar sonhos nos momentos inesperados para realizar objetivos. O brilho refletido nos seus olhos deve vir da paixão pela sua missão. Pessoas que vivem sem paixão vivem sem propósito. Provoque o futuro e busque a excelência. A excelência faz parte da natureza de quem nasceu para vencer. As consequências da excelência são a prosperidade e a admiração das pessoas por você.

6. **Quem são seus contatos sociais, amigos e colaboradores?**

Você é o comandante. Quem vai colocar no seu barco? Você é a média de cinco pessoas que o cercam. Não coloque no barco estranhos ou conhecidos que não têm a mesma visão que você, pois terá problemas. Não deixe entrar na sua vida uma pessoa que você não conhece, pois isso pode acarretar grandes perdas e sofrimento.

Empresas devem fazer entrevistas de emprego sérias e profundas antes de contratar alguém.

Conforme nos ensina Paulo Vieira no Método CIS®, a emoção se aloja na carne, portanto, é importante a atmosfera de pressão e emoção.

Todos esses valores e sentimentos que geram crescimento – coragem, propósito, excelência, proatividade, comunicação, autorresponsabilidade, honra, expectativa, lealdade, pressão e emoção – são essenciais para que a empresa de fato faça a diferença no mercado e cresça.

CAPÍTULO 3

O EXPER
HERÓI
ADLER

AS HABILIDADES DO EXPERIENTE

Em um time de heróis, sempre vai existir a figura daquele que tem sabedoria para trazer equilíbrio entre razão e emoção em momentos de decisões, conflitos e fortalecimento da visão. Adler é essa potência nos relacionamentos interpessoais e está sempre disposto a caminhar mais um quilômetro com pessoa que deseja melhorar e vencer seus desafios.

Suas habilidades são poderosas e únicas, ele sabe exatamente o caminho para ensinar alguém a compreender que nem tudo o que se vê é o que parece, pois por trás de cada fato, estrutura e ordem há uma história que precisa ser muito bem compreendida. O experiente mostra o caminho e faz o colaborador entender que todos os problemas podem ser superados porque já percorreu uma trajetória construída com muito esforço e fundamento. Uma das suas habilidades mais incríveis é o poder de contar histórias. Todo time linha de frente precisa de alguém com esse ponto forte para instruir novos colaboradores. Conheça as habilidades do Adler.

O PODER DE CONTAR HISTÓRIAS

Existe uma máxima que diz que a primeira impressão é a que fica. É bem verdade que de fato ficamos com uma boa ou má impressão de algo ou alguém que acabamos de conhecer dependendo do seu comportamento. Seja positivo ou negativo, nossa mente cria um conceito sobre aquela pessoa, empresa, líder, cantor etc; mas e quanto à continuidade e às próximas percepções?

Você já conheceu uma pessoa que parecia interessante, mas depois viu que ela não tinha muito conteúdo para agregar? Já assistiu a algum festival de calouros onde alguns cantavam muitíssimo bem, mas faltava alguma coisa?

Nós nos impressionamos no primeiro contato, mas solidificamos nossa admiração de acordo com a história ou a causa que a pessoa carrega. Por exemplo, existem milhares e milhares de pessoas que cantam muito bem, porém a grande maioria não chega a fazer sucesso e ter uma carreira promissora. Claro que nesse tipo de caso existe todo um contexto que vai da assessoria à gestão da carreira, mas não podemos esquecer que o mais importante é a história da pessoa ou a causa que ela defende. Em geral, essas coisas caminham juntas. Você não ama o cantor apenas pela linda e afinada voz dele, mas pela vida dele.

Em contrapartida, é possível observar casos de quem tenha parado de gostar de algum cantor por ter se decepcionado com alguma situação negativa na vida dele, que foi contra o que ele defendia ou a história de vida que ele levava. Então, a conclusão é que a pessoa não deixou de gostar da voz e das músicas de uma hora para outra, mas simplesmente se decepcionou com a distância entre discurso e imagem *versus* prática de vida.

Esse tipo de percepção pode estar relacionado a qualquer tipo de artista, líder religioso, político, empresa, marca etc. Nós nos conectamos com a história e a causa apresentados por algo ou alguém. Essa técnica é conhecida como *storytelling*, e diversas empresas passaram a incluir a narrativa como parte da sua prática de liderança. A técnica pode ser utilizada de diversas formas e situações, como na consolidação da marca, na comunicação interna, no treinamento dos colaboradores e na padronização da cultura organizacional.

Na Nike, por exemplo, todos os altos executivos são designados *corporate storytellers*. Eles contam a história de como o cofundador Bill Bowerman despejou borracha no aparelho de *waffle* de sua esposa para criar um tênis de corrida melhor, inaugurando uma trajetória de inovação na cultura da empresa. Pessoas não são apegadas a marcas, mas sim à história que elas construíram. Pessoas não são apegadas a cantores, mas à história que eles carregam.

O Adler desempenha muito bem esse importante e poderoso papel de contar histórias. O líder, ou alguém na sua equipe, deve ter este poder. Quando há pessoas que podemos chamar de experientes positivas, elas trazem vida aos seus ensinamentos com base em histórias de êxito em diferentes situações, além de fortalecerem a razão e o propósito maior da empresa. Quando falo de experientes positivos, é porque existem também experientes negativos, e estes são um perigo. Os dois têm o poder de gerar estímulos e ações, pois todo novato, com certeza, os terá como referência.

O experiente negativo já viu muita coisa, conhece todo mundo, mas carrega traumas e desilusões. Por isso, não tem sede de vencer e ainda deseja que outros

> **PESSOAS NÃO SÃO APEGADAS A MARCAS, MAS SIM À HISTÓRIA QUE ELAS CONSTRUÍRAM.**

mantenham-se limitados. Os experientes negativos também sabem contar histórias, mas são histórias de fracasso sem nenhuma lição de vida, só com tom de reclamação, como se tivesse veneno escorrendo pelos cantos da boca. Essas histórias têm poder de destruição. Muito cuidado para não ter uma pessoa assim na sua equipe.

O experiente positivo situa o recém-chegado sobre os esforços, sonhos, as derrotas, lições e conquistas do passado e do presente, os benefícios e ferramentas que podem ser usados no presente, e aponta para as superações e os sonhos que serão realizados no futuro. O cuidado com a percepção interna sobre a empresa é até mais importante do que com a externa, pois as ações estratégicas de uma marca são feitas pelo time, para depois alcançarem o cliente. Se o time não tiver a missão muito bem compreendida, não saberá passar essa emoção para o consumidor.

Assim, colaboradores comprometidos potencializam o sucesso e o crescimento da empresa. O experiente positivo fortalece a raiz da organização. Está sempre observando todos os movimentos. Semelhante a uma árvore, que é sustentada pela raiz, em uma empresa a fundação também precisa ser muito forte para suportar todos os desafios. É necessário contar a real história, os fundamentos, as lutas, os desafios superados, a razão de existir e o propósito de vida da organização.

A verdade e as lições poderosas de uma história de sucesso por si só já conseguem animar,

> **SE O TIME NÃO TIVER A MISSÃO MUITO BEM COMPREENDIDA, NÃO SABERÁ PASSAR ESSA EMOÇÃO PARA O CONSUMIDOR.**

motivar e fazer o colaborador entender a grandeza e o contexto da empresa. Para tocar o coração de um liderado, conte sua história, como surgiu sua ideia, como tudo começou, suas experiências de fracasso e de sucesso. Conte as histórias de quem o ajudou, como você enfrentou os adversários. Conte sobre as convicções que o fizeram chegar até aqui. Conte os medos que superou e as vitórias que alcançou. Conte seus sonhos.

O PODER DA CREDIBILIDADE: A CONFIANÇA

A credibilidade reúne vários aspectos interessantes porque não depende de recursos, status ou posição. Aprendi ao longo da vida que a credibilidade é a arma mais poderosa que podemos ter, pois, com ela, construimos tudo, mas sem ela nada podemos construir. Ela é a base de qualquer relacionamento ou empresa.

Não meça esforços para estar na presença de uma pessoa sábia, pois ela sempre tem algo precioso para ensinar. Quem preza pela sua credibilidade ama adquirir conhecimento, porque sabe que há ensinamentos que não têm preço. Há muitos líderes que desprezam a palavra dos sábios e não têm propriedade para instruir, porque não recebem instrução. Nenhum valor financeiro se compara à recompensa do ganho de sabedoria. Fique perto de quem é sábio. Ouça histórias, retenha o que é da experiência das pessoas. E aprenda a não comer a semente (falarei sobre isso ao final deste tópico sobre credibilidade e confiança). Outro ponto importante para compreender o poder da credibilidade: ela dá acesso a lugares inimagináveis.

Você já procurou saber qual a importância do alicerce em uma construção? Ele é a base, a origem e o fundamento de tudo que será construído.

> **NENHUM VALOR FINANCEIRO SE COMPARA À RECOMPENSA DO GANHO DE SABEDORIA. FIQUE PERTO DE QUEM É SÁBIO.**

O alicerce é o que sustenta tudo em qualquer relacionamento; dessa maneira, representa a confiança. Quando você confia, não há medo nem dúvidas. Quando se tem um líder confiável, o alicerce da equipe estará pronto para qualquer construção. Quando se tem um líder trapaceiro, não importa a quantidade de estratégias que ele tenha, pois sem confiança, ou seja, sem alicerce, nenhuma construção fica em pé.

Se tem algo que um líder não pode abrir mão é sua palavra. Sempre gostei de desafios, portanto, gosto muito de desafiar meus liderados. É muitíssimo divertido e emocionante. No calor das competições internas entre os times que atuavam nas áreas de vendas, marketing ou técnica da empresa, foram incontáveis as vezes em que lancei desafios com premiações das mais variadas. A reunião e as premiações eram todas planejadas, tudo era calculado, mas algumas vezes no decorrer da competição surgiam premiações-surpresa que eu inventava sem calcular. E como todo líder erra, eu certas vezes percebia que havia lançado uma premiação muito alta para determinada meta. E agora? O que fazer nessas situações?

Um dos erros mais comuns em líderes é retirar sua palavra a respeito de algo que foi divulgado e combinado com seu time. Isso vale para qualquer tipo de compromisso que você tenha assumido, não apenas prêmios. É claro que eu poderia ter certa desvantagem ao dar aquele prêmio não calculado, mas nenhum prejuízo poderia ser maior do que não cumprir com a minha palavra. Depois de dar sua palavra, o líder não deve voltar atrás. O efeito negativo de um líder sem palavra na mente de um liderado é devastador. Além de a fama de não manter a palavra se alastrar, isso inviabiliza qualquer tentativa de novos projetos em que as pessoas tenham que agregar de alguma maneira.

Não há nada mais difícil de recuperar do que um funcionário frustrado pela falta do cumprimento da palavra da liderança. É importante observar que uma coisa é cometer erros, outra é não ter palavra. Todo líder está sujeito a errar e *vai* errar. Mesmo assim, liderado nenhum deve julgar isso, e sim obedecer de maneira eficaz. Agora, outra coisa é não ter palavra, gerando insegurança e falta de confiança no time. Sem confiança, nenhum liderado dará seu melhor.

Você acreditaria em alguém que diz ter feito vários projetos, mas cujo progresso não se vê? No seu trabalho, por onde você passa, no meio onde vive, quem são as pessoas em que de fato você confia?

Existe uma história que, provavelmente, você já deve ter escutado sobre um alpinista que escalava uma montanha de gelo. Durante o dia, ele subiu muito alto, mas estava frio demais na montanha, com neve, neblina e pouca visibilidade. Em determinado ponto, ele escorregou e começou a cair. Ele tentou fincar as estacas para se segurar. De repente, a corda de segurança conseguiu freia-lo. Naquele

> **NÃO HÁ NADA MAIS DIFÍCIL DE RECUPERAR DO QUE UM FUNCIONÁRIO FRUSTRADO PELA FALTA DO CUMPRIMENTO DA PALAVRA DA LIDERANÇA.**

momento, ele fez uma oração a Deus: "Deus, me ajude, faça alguma coisa por mim, me salve". E Deus respondeu: "Confia em mim?". O alpinista falou: "Eu confio". Então, Deus o direcionou, respondendo: "Corte a corda". No dia seguinte, o alpinista foi encontrado morto, preso nas cordas, segurando-as com muita força, congelado a um metro e meio do chão.

Afinal o que é confiança? Confiança é o maior desafio do ser humano. Confiança é o oposto da dúvida: quem confia acredita. Confiar é uma decisão baseada em convicções e no caráter de alguém com quem já se teve experiência suficiente para acreditar que essa pessoa não falhará. Nossas atitudes são ser tomadas de acordo com o nível de confiança que temos no outro.

Quando você transmite confiança, seus liderados não temem o caminho. Eles acreditam na sua história, nos seus feitos, nos seus ensinamentos, porque acreditam em você. Confiança gera um ambiente favorável dentro de uma empresa, dentro de uma amizade, dentro de um relacionamento etc. Confiança é mostrar o caminho do sucesso que você já trilhou.

A moeda mais valiosa do mundo é a credibilidade. Quem tem credibilidade consegue avançar e abrir portas. Credibilidade gera confiança, e confiança gera um ambiente favorável e seguro dentro de uma empresa ou de um relacionamento. Não há como dois caminharem juntos se não houver confiança, porque a falta dela traz perturbações, medos e angústias. Sem confiança não há paz, não há progresso.

> **CONFIANÇA É MOSTRAR O CAMINHO DO SUCESSO QUE VOCÊ JÁ TRILHOU.**

Durante toda a vida, temos que tomar decisões baseadas na confiança. Faça uma reflexão: você

HERÓI ADLER, O EXPERIENTE

precisa fazer uma cirurgia, mas de repente descobre que o médico que vai operá-lo já teve alguns óbitos em sua carreira. Confiaria nesse médico para a cirurgia? Com certeza sua resposta seria não. Talvez leve isso muito a sério porque estamos falando de sua saúde física, mas nem todo erro médico é necessariamente fatal. Porém, ao falarmos do seu futuro, você agiria com a mesma cautela?

Dependendo de quem você confia, pode enterrar ou desenvolver seus sonhos. Como saber se devo confiar ou não em um líder? A confiança surge em um ambiente onde existe amor, proteção, provisão e visão.

O filho confia no pai quando ele o instrui e corrige. Quando o pai ensina o filho a andar de bicicleta, eles treinam por vários dias com o auxílio das rodinhas. Depois de certo tempo, o pai observa a confiança que o filho tem nele, tira as rodinhas e ele próprio segura a bicicleta para o filho se equilibrar. Chega um momento em que o pai solta a bicicleta para o filho poder pedalar sozinho. A confiança é recíproca. Quando o líder cuida de você, ensina e chama atenção, você confia nele.

Muitos liderados têm o mau hábito de jogar a responsabilidade por seus erros para o líder. Eu já trabalhei em uma empresa onde aprendi muito e conseguir crescer. Fui vendedor durante dois anos e em razão das metas que bati, alcancei o cargo de gerente, função na qual continuei dando meu melhor e obtendo bons resultados. Você pode perguntar: e as dificuldades? Foram muitas, mas eu não media esforços para realizar um bom trabalho: fizesse sol ou chuva, eu estava lá. Depois, você pode argumentar: você não passou pelo que eu passei, eu não tive o apoio que você teve. Neste tipo de argumento é que está o erro, pois eu também enfrentei muitas dificuldades. Porém sempre tive um objetivo em todos os trabalhos que fiz: atuar com excelência e ir além daquilo que me pediam, para corresponder à confiança que as pessoas depositavam em mim.

Dificuldades sempre existirão, mas isso não impede ninguém de exercer um excelente trabalho e gerar confiança. Depois dessa experiência de trabalho, chegara o momento de criar e inaugurar a minha própria empresa – e deu certo. Crescemos demais, gerando empregos para novecentas pessoas que trabalhavam com a mesma paixão e visão. Esse exemplo serve para mostrar que a confiança desenvolvida entre líder e liderados é o alicerce e um dos principais segredos do sucesso.

Como você corresponde à confiança depositada em você? Confiar é uma atitude e um sentimento de mão dupla, e a maneira como você age a fortalece ou não.

Um dia, alguém fez a seguinte pergunta: onde se encontra a maior riqueza do mundo? Será que está em Las Vegas, em Miami? A resposta dada foi muito inteligente: a maior riqueza do mundo está no cemitério. Lá estão enterrados os sonhos, os quadros que não foram pintados, as empresas que não foram abertas, os talentos que não foram desenvolvidos. Talvez seus sonhos tenham sido enterrados por causa das pessoas em quem você confiou. Com certeza, você está vivo, mas pode ser que esteja morto por dentro. Parece forte falar assim, mas dependendo de quem você deposita sua confiança, pode enterrar ou desenvolver seus sonhos. Pense nisso, transmita confiança e busque relacionamentos de confiança!

> **CONFIAR É UMA ATITUDE E UM SENTIMENTO DE MÃO DUPLA, E A MANEIRA COMO VOCÊ AGE A FORTALECE OU NÃO.**

BENEFÍCIOS DA CONFIANÇA

- O ambiente é contagiado por motivação e segurança, o que faz com que as pessoas realizem seu melhor e façam coisas fantásticas. A produtividade cresce.
- Conhecemos um líder que está disposto a transmitir confiança para seus liderados quando ele está disposto a sacrificar um benefício próprio em prol do coletivo. Ele não muda sua palavra, promessa e propósitos por causa das circunstâncias. As circunstâncias podem mudar por causa dele, mas ele não muda por causa das circunstâncias.
- A confiança produz segurança, convicções, alegria e um ambiente onde as pessoas possam crescer, onde não há limites para a criatividade e produtividade.
- O ambiente cooperativo sustentado pela confiança gera resultados incríveis com ações extraordinárias.

Certa vez, num quartel, um capitão almoçava sempre depois de seus soldados. Quando ele foi se servir, viu que a comida havia acabado. Depois do almoço, todos voltaram para seus postos, mas alguns soldados perceberam que o capitão havia ficado sem almoçar e foram até suas reservas pegar comida para que o capitão fizesse uma refeição.

Um dos soldados, ao ser questionado por que fez isso pelo capitão, respondeu:

— Porque eu tenho certeza de que ele faria o mesmo por mim.

Essa história mostra a atitude de um líder que serve, que se arrisca, que se sacrifica em prol de todos para proteger, prover e fazer com que os outros prosperem. São líderes porque cuidam dos seus liderados. E o que acontece?

Os liderados também se sacrificam pelo líder, dão suas lágrimas, suor e fazem o esforço necessário para que visão do líder venha a existir e se multiplicar.

Se é em uma organização assim que você gostaria de trabalhar, gere confiança.

NÃO COMA A SEMENTE

Você se lembra da busca incessante por sabedoria que uma pessoa com credibilidade possui? Pois é, dentro desse contexto, é muito importante aprender a "não comer a semente", pois ela é para semear e investir. Semente não é para comer, é o que chega até você para semear. Há quem queira comer a semente e acabe abortando seu futuro.

A semente é algo poderoso, que pode ser comido e resultar na perda da colheita. Quem comete esse erro está fazendo como as crianças que participaram de um teste sobre gratificação adiada. Elas receberam um *marshmallow* e a instrução de não comer o doce.[3] A recompensa era a seguinte: se não comer esse *marshmallow* daqui a uma hora, além de poder comer esse aí, ainda ganhará mais doces. A maioria das crianças não resistiu e comeu o doce. As poucas que esperaram o tempo certo foram recompensadas e não se arrependeram, sairam mais felizes com seus doces do que aquelas que comeram apenas um *marshmallow* na hora errada. Esse exemplo simples mostra a história de milhares de pessoas que não sabem esperar a hora certa da colheita e comem a semente.

Quando você semeia, a colheita vem. Semeie palavras, semeie investimento financeiro, semeie dar e adquirir conhecimento, semeie tempo,

---

[3] Assista ao teste em: https://www.youtube.com/watch?time_continue-6&v=-gfbWPwZWgLo.

semeie alegria, semeie conversas produtivas. O poder da sua semeadura vai definir o futuro.

Semear palavras é uma das mais poderosas semeaduras. Procure conversar com pessoas sábias, que falam sobre ideias. Esteja perto de pessoas que agregam à sua vida. Ouça pessoas experientes, pois isso é valioso. Receba a semente e passe a semeadura adiante, não guarde conhecimento para si. Compartilhe o que de bom e excelente você aprendeu.

O contágio social é saber aproveitar as oportunidades de compartilhar e obter conhecimento de pessoas incríveis que passam pela sua vida. Palavras são sementes poderosas: ouça os sábios, valorize o que vem até você como semente e passe adiante. Não coma a semente!

Você já parou para pensar em quanto investe financeiramente todo mês em você mesmo? Quando falo investir, não estou dizendo investir capital em corretoras de investimentos financeiros que geram retorno de juros, nem em montar empresas. Estou falando em quanto você investe no seu conhecimento.

Grande parte da população está endividada, mas será que isso é causa ou consequência? Claro que existem casos isolados ou situações atípicas; mas a grande realidade é que as pessoas não investem nelas mesmas e sofrem as consequências disso.

Sonde na sua equipe quantas pessoas estão se aprimorando

> **O CONTÁGIO SOCIAL É SABER APROVEITAR AS OPORTUNIDADES DE COMPARTILHAR E OBTER CONHECIMENTO DE PESSOAS INCRÍVEIS QUE PASSAM PELA SUA VIDA.**

para agregar valor à função que exercem. Certa vez, em uma reunião comercial de vendas, vi que todos estavam bem empolgados e vibrando, o que é ótimo; mas observei os números e percebi que poderiam estar melhores. Além disso, já havia um tempo que não se quebravam recordes. Aproveitei o embalo contagiante das pessoas e perguntei: "Quem vai ganhar esse mês?", e todos gritaram: "EU". Perguntei quem queria crescer na empresa, a vibração só aumentava; perguntei quem queria ter sucesso profissional e conquistar seus sonhos, e todos pularam e gritaram batendo no peito em sinal positivo.

Foi então que fiz mais três perguntas: qual livro sobre vendas você está lendo no momento e quantos já leu este ano? Qual curso de aprimoramento específico da sua área está fazendo? Quantos vídeos assistiu para melhorar suas habilidades? A cada pergunta que eu fazia, a reação da galera diminuía, deixando claro que todos queriam realizar sonhos, mas poucos estavam se capacitando de verdade.

Seja em qual área for, devemos sempre buscar cursos, livros e vídeos que aprimorem nosso conhecimento. Com isso, volto à questão da semente: quanto você tem investido todo mês?

A realidade é que a maioria das pessoas gasta tudo o que ganha e não investe nada em conhecimento. E isso não tem a ver com quanto se ganha, mas com o princípio da semeadura, que independe dos seus recursos. O princípio que se aplica quando se tem pouco será o mesmo princípio quando se tiver muito. Muitos não saem do pouco pois não entendem princípios. Os maiores feitos não acontecem em decorrência de suas necessidades, mas por princípios. Sua necessidade não mudará sua realidade se seu princípio não estiver fincado na direção certa.

Se você ganha um salário mínimo, 5 mil, 10 mil, 100 mil ou 1 milhão, o princípio é o mesmo. Invista sempre parte do que ganha em si mesmo. Não coma a semente. Esperar retorno sem investir é como ser um fazendeiro na frente de sua terra aguardando os frutos daquilo que nunca semeou.

CAMINHANDO AO LADO

Uma das ações mais eficazes para gerar resultado dentro do seu projeto é caminhar ao lado do seu liderado. Talvez você pense que é um tema óbvio, mas será que age assim?

Caminhar ao lado é enfatizar nossos valores para que eles sejam multiplicados, é enraizar a cultura e a missão da organização. Quando os liderados têm um líder que caminha ao lado, agem pela missão e por amor e respeito ao líder.

Reuniões, palestras e treinamentos são altamente eficazes, mas nada disso anula a importância de caminhar ao lado.

Quero usar como exemplo a liderança de Jesus. Com frequência, ele dava palestras ao ar livre nos montes e pelos lugares por onde passava. Comunicava com maestria para as multidões que o seguiam, mas havia aqueles ao lado de quem caminhava, seus discípulos mais próximos.

Todo líder, se quiser crescer mais e alcançar patamares mais altos, deverá investir tempo caminhando com seus liderados mais próximos. Quem quer crescer obedece às ordens e à missão que vem de cima e foca suas energias, investimentos e atitudes no que vem de baixo: os liderados. Esse segredo é muito precioso, poucos entendem isso. Muitos líderes gostam de aparecer para seus superiores e esquecem de cuidar dos seus liderados. E nesse ponto surge, sempre, o desequilíbrio entre a missão e a execução.

Jesus caminhava ao lado de seus liderados (discípulos mais próximos) demonstrando por meio de sua vida, de seus conselhos e de sua preocupação como eles deveriam agir, no futuro, com seus próprios liderados. Os Evangelhos relatam que, após a morte de Jesus, os discípulos fizeram obras ainda maiores do que ele. Isso é legado! E não foi gerado apenas nas palestras, mas caminhando ao lado.

Com tudo isso, fica a pergunta: você tem uma equipe mais próxima com a qual desenvolve um relacionamento mais profundo?

Quando eu era gerente comercial, focava em cuidar de maneira diferenciada daqueles que estavam dispostos a crescer. Quando me tornei diretor, focava em caminhar ao lado dos líderes de cada setor. Hoje, como dono de empresas, caminho ao lado dos gerentes e diretores. O que fizer no pouco também farei no muito.

Caminhar ao lado é cuidar da vida daqueles que se doam por sua missão. E cuidar da vida vai desde apoiar o liderado em um momento difícil até exortá-lo nas situações necessárias, mas sempre de modo que o liderado entenda que você deseja o melhor para a vida dele. O líder que caminha ao lado passa conhecimento para o crescimento pessoal do liderado. Esse líder participativo e presente tem prazer nos momentos de comunhão e lazer com seus liderados, seja jogando futebol, indo ao cinema com o time, comendo churrasco ou viajando.

Quando seus liderados diretos entenderem esse cuidado, uma cultura poderosa blindará seu futuro. Não há a possibilidade de caminhar com todos, mas invista tempo em seus liderados diretos, dos quais jamais poderá abrir mão. Transformamos mais vidas nas "conversas de bastidores" do que nos discursos no palco.

Esteja atento à importância das conversas individuais em um almoço, uma caminhada, um passeio ou nos intervalos do trabalho. Se fornece treinamento para sua equipe e o resultado que espera ainda não aconteceu, pare e entenda o que move as pessoas, quais os seus questionamentos. Experimente e veja o poder que isso tem.

> TRANSFORMAMOS MAIS VIDAS NAS "CONVERSAS DE BASTIDORES" DO QUE NOS DISCURSOS NO PALCO.

Antes de lutarem por sua missão, as pessoas precisam ser cuidadas pelo líder. Lembrando que só se deve cuidar daqueles que são apaixonados pela missão e possuem sede de crescimento. A maior virtude de um líder é ter a habilidade de transformar pessoas comuns em líderes extraordinários que chegam ao topo.

No último capítulo deste livro, abordarei um pouco mais sobre a importância de caminhar ao lado dos liderados.

ESSÊNCIA

Você já parou para observar como são fabricados os perfumes? Já viu a composição de um? Mais de 80% do perfume é composto por uma fórmula-base, o que faz a diferença é a essência de cada um. Ou seja: o segredo não é a fórmula, mas sim a essência.

Segundo os profissionais de química, essências são matérias-primas usadas para conferir aroma a alimentos, cosméticos, produtos de limpeza e brinquedos, entre outros. Têm como fonte os óleos essenciais extraídos de plantas, flores, frutas e animais, embora também possam ser também produzidas sinteticamente.

> **A MAIOR VIRTUDE DE UM LÍDER É TER A HABILIDADE DE TRANSFORMAR PESSOAS COMUNS EM LÍDERES EXTRAORDINÁRIOS QUE CHEGAM AO TOPO.**

O profissional da química que atua na indústria de essências precisa ter um conhecimento profundo da sua área e do setor que empregará a matéria-prima que ele produz. Em geral, quem desenvolve essências para perfumes se especializa nesse segmento e não desenvolve produtos para alimentos, por exemplo.

A essência é única. Cada pessoa e cada time tem a sua, porque somos indivíduos e cada líder tem uma história diferente. Não tem como ensinar nem aprender sobre essência. Mesmo se você implementar todos os passos que este livro ensina na sua equipe, será impossível copiar sua essência.

Copiar fórmulas sem essência não gera resultados.

Diversas vezes e durante muitos anos, vi empresas mandarem espiões para pegarem os manuais da nossa organização, fórmulas, técnicas de gestão, arquitetura etc. O resultado sempre foi o mesmo: gastavam dinheiro e não geravam resultados. Não é a embalagem, a fórmula ou um líquido qualquer que faz a diferença, é o conteúdo, o cheiro, a essência.

Há sempre espiões em empresas bem-sucedidas que, todos os dias, são copiadas; mas os *fakes* nunca prosperam. Nenhuma fórmula, nenhum recurso, nenhuma técnica é mais poderosa que a essência.

Assim como em um perfume, é a essência que gera o interesse maior. A essência se fixa na mente das pessoas. É a essência que dá o brilho no olhar e em cada palavra que sai da boca de um apaixonado pela missão maior.

A essência impulsiona criatividade, inovação e maestria na execução.

Todo ser humano possui uma essência e, quando age como alguém que quer servir por meio da sua missão de vida, seja como religioso, empresário, profissional liberal, político etc., sempre vai inserir sua essência nos seus projetos. E a própria lei da atração vai trazer, para perto desse líder, liderados com uma essência parecida. Quem ama servir sempre tem sonhos cujo principal objetivo é melhorar a vida das pessoas e do meio em que vive.

> **COPIAR FÓRMULAS SEM ESSÊNCIA NÃO GERA RESULTADOS.**

COMO MANTER A ESSÊNCIA DO PROJETO ORIGINAL

Primeiro, é importante dizer que novos conhecimentos, técnicas de gestão, acompanhamento operacional etc. precisam sempre ser aprimorados e estudados.

Mas o que ocorre em muitos casos?

Uma empresa começa por uma razão, com um propósito e com uma essência. Vamos chamar isso de "projeto original". Com o passar do tempo é natural e importante que ela agregue novos conhecimentos e práticas, mas todos devem se submenter ao projeto original. Quando o projeto original se vai, os valores se perdem e, consequentemente, os resultados desaparecem.

É possível reparar isso em diversos projetos, desde a política partidária até a administração de igrejas, que começam com um pensamento e um discurso fortes mas, com o passar do tempo, vão se perdendo. Portanto, sempre analise se as novidades que você quer implementar estão em conformidade com o projeto original. Projeto original é aquilo que você foi realmente chamado para fazer.

Certa vez, uma gerente minha, mesmo depois de anos de liderança com ótimos resultados, estava confusa, se sentindo incapaz de realizar suas funções. Muitas mudanças na implantação de novos processos acabam trazendo um sentimento de incapacidade de acompanhar mudanças.

É óbvio que os funcionários devem acompanhar o ritmo de crescimento de uma empresa. Se quiserem dobrar de tamanho, deverão dobrar as habilidades. Quanto mais quiser crescer, mais terá de se preparar. Mas aquele caso específico era diferente, porque mudanças de sistemas gerenciais novos foram muito rápidas de fato, e aqui eu deixo duas dicas valiosas:

EXISTE O TEMPO DE ASSIMILAÇÃO E O TEMPO DE IMPLEMENTAÇÃO

É comum o líder achar que sua equipe não acompanha sua velocidade de assimilação. Eu cometia esse erro quando aprendia algo em algum treinamento e desejava que todos os funcionários aprendessem na mesma velocidade que eu.

Sempre participo de treinamentos com o intuito de me tornar perito em gestão. Muitas vezes, levo a liderança das minhas empresas comigo. Os novos conhecimentos apresentados me geram uma ansiedade de implantar tudo "para ontem". Voltando dos treinamentos, reúno-me com a equipe que levei para pontuarmos ações estratégicas rápidas de mudança. Porém, percebi que algumas vezes isso não acontecia com a velocidade que eu desejava.

Toda e qualquer melhoria na empresa necessita de um tempo hábil de implementação. Afinal, quando o cérebro é acostumado a fazer algo e recebe uma informação nova, ele entende, mas seus hábitos não mudam de imediato.

Em uma das casas em que morei, pela manhã quando ia ao trabalho, era necessário virar na primeira rua à direita. Depois de muitos anos fazendo esse percurso, fui informado de que essa "primeira rua à direita" passara a ser contramão. Na hora, meu cérebro recebeu essa informação e entendeu a mudança no trajeto. Entretanto, por inúmeras vezes, eu virava na direção no caminho habitual, pois aquele percurso ainda era rotina no meu subconsciente. Inclusive, durante o primeiro mês não foi permitido aplicar multas, pois era um perído de adaptação. Existe um tempo para a assimilação e implantação, em todas as áreas da vida.

A implementação tem de ser devagar e consistente. Muito conteúdo em pouco tempo fará com que as pessoas não absorvam tudo, tampouco o coloquem em prática para gerar resultados. E ainda se corre o risco de comprometer as funções já exercidas.

NÃO PERCA FUNCIONÁRIOS VALIOSOS QUE TENHAM ESSÊNCIA

Um grande risco para a empresa é a sensação de frustração. Um funcionário que se sente incapaz de realizar algo se tornará emocionalmente improdutivo e, consequentemente, apresentará resultados ruins.

Devemos cuidar de funcionários que têm muita essência, pois mesmo que eles demorem um pouco mais para se enquadrar em novos processos, vale mais a pena investir mais tempo neles do que preparar um novato. Afinal, um funcionário com essência pode aprender algo com um treinamento, porém um novato não aprenderá a essência em tão pouco tempo. Essência requer uma série de itens, uns já citados no livro, outros que ainda citarei, mas em geral engloba: coragem, alegria, liberdade, superação, comunhão, unidade, referência para os liderados, autoconfiança, credibilidade, paixão,

> **DEVEMOS CUIDAR DE FUNCIONÁRIOS QUE TÊM MUITA ESSÊNCIA, POIS MESMO QUE ELES DEMOREM UM POUCO MAIS PARA SE ENQUADRAR EM NOVOS PROCESSOS, VALE MAIS A PENA INVESTIR MAIS TEMPO NELES DO QUE PREPARAR UM NOVATO.**

honra, desafio, brilho no olhar, gratidão, fé e pontos fundamentais que geram uma identidade.

NASCENTE

Talvez você esteja se perguntando o que a palavra "nascente" tem a ver com liderança. E eu lhe digo que entender isso fará com que você tome decisões assertivas ao longo do caminho.

Quando vemos um lindo rio, observamos a grandeza da natureza: água em abundância, muita vida ao redor, árvores, animais, sons, tudo tem vida e cores por causa do rio.

E de onde vem isso tudo? Da nascente.

Nascente é a origem, é de onde brota, é a fonte, é de onde tudo provém. As nascentes são a fonte de água de um rio ou córrego, literalmente a água que alimenta a formação do rio. Há algumas maneiras de se defini-las, e certo número de fontes potenciais de água para alimentar rios e cursos de água em geral, de acordo com especialistas, mas a verdade é que tudo começa nelas. E qual o valor disso? Um único e impagável! Um rio cuja nascente seca acabará por secar também. E onde havia vida, passa a ter sequidão. E não há nada pior do que viver em meio à secura.

Existem empresas, relacionamentos ou igrejas que não entendem o poder disso. Carregam fórmulas, desgastam pessoas, são previsíveis, parecem mais uma poça de água parada. Não possuem vontades reais, apenas cumprem a rotina.

Quando existe originalidade, existe vida e fluidez. Tudo prospera. Tudo gera felicidade. A intensidade é como o som de muitas águas, e a certeza de um futuro promissor é como a correnteza movida por afluentes poderosos que trazem beleza e riqueza para tudo.

Portanto, quando tiver que tomar qualquer decisão em relação a empresa, relacionamentos ou liderança, descubra qual é a nascente. Um rio, por mais belo que seja, uma hora acaba se sua nascente secar. Por isso é importante que a história, o começo, a missão da organização seja sempre compartilhada, para que as pessoas conheçam a nascente, o propósito, a visão.

Muitas pessoas vivem amarguradas por terem acreditado em palavras e discursos belos sem conhecer de fato a nascente. Tomam decisões com base em propostas e não em propósitos. Já houve casos de pessoas que aconselhei, orientei, e que, nos momentos difíceis de decisão, não se posicionaram conforme foram aconselhadas e hoje sofrem com as consequências de suas más escolhas. É lamentável, mas não serei responsável pela dor daqueles que ignoraram meus conselhos. Cada indivíduo é livre para fazer suas escolhas, mas prisioneiro de suas consequências.

Busque a nascente! Ela é a mais preciosa, ela é a original, ela é o seu alimento!

Procure andar com pessoas originais. Elas impulsionarão seu crescimento. Estimularão desejos

> **CADA INDIVÍDUO É LIVRE PARA FAZER SUAS ESCOLHAS, MAS PRISIONEIRO DE SUAS CONSEQUÊNCIAS.**

e habilidades que nem você mesmo sabia que tinha! Acreditarão e caminharão ao seu lado na busca dos seus maiores sonhos.

Resumindo, a vida só atinge o máximo da excelência e satisfação quando se anda com intensidade ao lado de pessoas originais que sabem fazer o que ninguém faz.

CAPÍTULO 4

A DEFEN

HEROÍNA
ALANA

SORA

AS HABILIDADES DA DEFENSORA

Em um time de heróis, não basta haver só aqueles que vão à frente atacando e abrindo caminhos. Uma das áreas mais importantes e que requer muita perícia é a defesa. Numa batalha, será um erro fatal preocupar-se apenas com o ataque e não reforçar a linha defensiva. É estratégico cuidar da retaguarda, blindar-se contra armadilhas, verificar o caminho do mapa e possíveis mudanças, bem como analisar se os integrantes da missão e se todos mesmo estão alinhados com a visão. Nesses quesitos, se você quiser formar um grande time de heróis, deverá ter um defensor e, no nosso caso, a Alana executa com excelência essa importantíssima missão no campo das batalhas.

O início da jornada é fácil, seu sangue está quente, seus desejos e suas expectativas o movem e sua disposição supera os primeiros obstáculos. Mas para uma corrida longa e triunfante será necessário muito mais do que apenas vontade; você precisará de recursos, preparo e habilidades para perceber possíveis armadilhas e como sair delas depois de ter entrado. Pense em como seria desastroso se sua equipe fosse ao campo da concorrência e atacasse o mercado, mas não tivesse a capacidade para atender a demanda das conquistas! Ou, então, se você sofresse um contra-ataque no qual se torna vulnerável porque seus pares estavam totalmente desprevenidos e desalinhados com a missão original!

No ciclo de uma liderança, é muito raro que haja estabilidade. Para ser mais sincero, não conheço um único caso. Os desafios aumentam de acordo com o crescimento da empresa. No meio do caminho podem surgir obstáculos inesperados, sanguessugas que tentam se aproveitar de você ou traidores. Não se assuste e respire fundo porque vamos falar neste capítulo de assuntos sobre os quais poucos gostariam de falar, mas tenho certeza de que serão dicas valiosas e que irão fortalecê-lo para o sucesso.

O QUE ACONTECEU NO MEIO DO CAMINHO?

Existe uma história sobre a viagem de um navio em meio a uma forte tempestade. O início da viagem foi bem tranquilo, o navio zarpou do porto de origem em direção ao de destino. Tudo ia bem, o curso estava estabelecido e a tripulação estava concentrada em seus trabalhos rotineiros enquanto os passageiros descansavam. Porém, em determinado momento da viagem, o mar se enfureceu e uma tempestade assolou o navio. Os passageiros gritavam desesperados e os tripulantes que, em geral, são treinados para esse tipo de situação, se renderam ao desespero. A fúria dos ventos e do mar não cessava. Então, para que o navio não naufragasse e todos morressem, o capitão deu ordem para jogarem ao mar parte da carga de menor valor. Mesmo assim o navio não estabilizava, muito menos a tempestade retrocedia. Pelo contrário, aumentava. Não tendo mais o que fazer e temendo pela vida dos passageiros e da tripulação, o capitão ordenou que fossem jogados ao mar os baús com muitos tesouros,

HEROÍNA ALANA, A DEFENSORA

alimentos e tudo mais que pudesse ser dispensado, a fim de tornar o navio mais leve para que não afundasse com a fúria das ondas em alto mar; mas de nada adiantou, a destruição só aumentava. Todos os esforços pareciam inúteis. Os tripulantes e os passageiros fizeram a única coisa que 99% dos seres humanos fazem no momento de desespero: cada um começou a clamar, em desespero, pelo deus no qual acreditava. No meio do caos, o capitão do navio procurou entender o porquê de tanta destruição. Assim, desceu ao porão para saber a condição da embarcação e quanto tempo mais ela resistiria à fúria da tempestade. E lá, em um canto, encontrou um homem deitado. Ao chegar próximo ao homem, pensando que este estivesse ferido ou desmaiado de pavor, percebeu que ele estava dormindo. Então, acordou-o com veemência para que o homem clamasse ao deus dele por socorro, uma vez que o navio estava prestes a afundar.

O comandante fez diversas perguntas ao tripulante dorminhoco: "Qual sua ocupação? De onde você vem? Qual sua terra? Quem é sua família e as pessoas com quem anda?". Só nesse momento o tripulante, de nome Jonas, começou a explicar detalhes de sua vida e de como havia chegado ali. Explicou que estava fugindo, desobedecendo a uma ordem do seu deus, e sabia que a revolta no mar e a tempestade eram culpa da sua presença naquele barco.

Aqui eu inicio uma reflexão: muitas vezes, permitimos a entrada de pessoas em nossa vida, nossa empresa ou nosso time e, passado um tempo, coisas ruins começam a acontecer. Entretanto, é comum não identificarmos de onde vêm esses percalços. As perdas podem ser financeiras, materiais, emocionais, de credibilidade, de relacionamento. A devastação pode ser gigante na vida de muita gente. E parte dessa destruição pode ter ocorrido por você, LÍDER, em algum momento ter permitido a entrada de alguém ou algumas pessoas em seu barco. Essa embarcação pode estar cheia de problemas apenas porque o comandante permitiu a entrada de "dormentes" sem sondar quem de fato eles eram.

Observe bem: apenas depois que a destruição estava acontecendo, depois que as pancadas estavam assolando o barco e amedrontando os passageiros foi que o comandante procurou saber quem de fato estava no barco. A pergunta que faço é: qual é a análise real que você faz quando um "tripulante" vai entrar no seu barco? Ou você só procura investigar depois que o problema estiver estourando e o barco já estiver indo a pique? Muitos "heróis" (líderes) estão sobrecarregados por não terem um suporte eficaz em suas retaguardas. Por não terem gente certa no seu barco. No meio da tempestade, o Jonas de seu barco pode estar tranquilo em um sono profundo, enquanto você está desesperado em pleno caos.

A grande verdade – e aqui já trago uma das maiores lições – é que a rigidez, a análise de perfis, as perguntas estratégicas e as conferências na entrada de uma nova pessoa na sua equipe são o primeiro passo para iniciar uma construção de um time de sucesso. Muitas vezes, esquecemos que a equipe que montamos para estar ao nosso lado profissionalmente deve ser semelhante às pessoas que convidamos para entrar em nossa casa. E, com certeza, você não chama qualquer um para entrar em seu recinto particular, certo? Parece inacreditável, mas essa falha é mais comum do que percebemos, tanto na vida pessoal quanto na profissional.

Com as experiências e os conhecimentos obtidos em treinamentos que fiz ao longo da vida, listei alguns pontos sobre contratação que considero importantes na gestão do padrão de excelência de seu time. São passos para uma visão empresarial de alta performance humana que implantará e aperfeiçoará sua capacidade de atratividade (atrair os profissionais adequados); recrutamento e seleção (saber escolher entre tais profissionais); retenção (ser capaz de manter tais profissionais – é natural existir alguma rotatividade de colaboradores, mas se a alta rotatividade for frequente na sua empresa, pode ser que haja falhas em sua liderança); cobrança de resultados (saber cobrar grandes resultados); gestão (focar na qualidade, na quantidade e na continuidade do cumprimento dos processos com excelência); e motivação (manter os profissionais motivados e comprometidos com os resultados).

Uma gestão de padrão de excelência passa por vários processos que são implantados e executados com sua equipe. Não são necessariamente etapas sequenciais, mas ferramentas contínuas e paralelas que visam minimizar a entrada de intrusos indesejáveis em sua base defensiva. Então, vamos à jornada do recrutamento, composta de ações proativas, reativas, de resgate e de eliminação.

RECRUTAMENTO E SELEÇÃO RIGOROSA: UMA VISÃO PROATIVA

Alana, nossa heroína defensiva, tem uma poderosa visão proativa, pois é capaz de filtrar o embarque de "tripulantes dormentes". Proatividade é "assumir responsabilidade de decisões tomadas, se antever perante situações e realizar um esforço para atingir um resultado e fazer algo acontecer. No momento do processo seletivo, é uma das cinco habilidades que seis em cada dez empregadores buscam

> **UMA GESTÃO DE PADRÃO DE EXCELÊNCIA PASSA POR VÁRIOS PROCESSOS QUE SÃO IMPLANTADOS E EXECUTADOS COM SUA EQUIPE.**

nos profissionais".[4] Ao tratarmos de recrutamento e seleção rigorosa, é necessário estabelecer com clareza todos os valores da cultura corporativa e codificá-los em guias como seus manuais introdutórios, Código de Ética, atribuições de funções, regras de ouro do atendimento, normas e procedimentos, tanto para conscientização e aprimoramento da equipe atual quanto para fazer um "bloqueio" reflexivo para os novos candidatos.

QUAL É A REGRA DO JOGO?

Quantas vezes você já foi convidado para jogar um jogo que ainda não conhecia? Em geral, as primeiras perguntas que fazemos são: "Qual é a regra do jogo?", "Qual é o objetivo?", "Como se joga?", "O que tenho que fazer para conquistar o prêmio final?".

As pessoas, quando entram em uma organização, deveriam fazer essas e outras perguntas, como por exemplo "O que tenho que fazer?". O momento da entrevista é crucial para colocar tudo na mesa. E a rigidez nesse quesito é fundamental. Quem quer uma equipe vencedora não pode fazer "caridade" com a vaga de emprego. Mais do que sair contratando, é fundamental proteger os valores da organização. Deixar claro quais são as filosofias da empresa. Um aspecto importante é nunca ressaltar mais os benefícios do trabalho do que os desafios da função.

Vivemos em uma sociedade com valores, costumes e culturas variadas, e cada integrante chega ao time com sua bagagem, com seus vícios e suas virtudes. E isso requer cuidados. Em uma das minhas empresas, todo novo funcionário recebe um livro sobre a essência da companhia e sua cultura.

---

[4] CAMINHA, Natasha. "Proatividade: como desenvolver uma equipe com iniciativa?". *Edools*. Disponível em: < https://www.edools.com/proatividade/>. Acesso em: 03 abr.2019.

Com ele, participa de um processo de imersão de dois meses com treinamentos em vídeos que agregam valor à sua vida, tanto pessoal quanto profissional. Isso ajuda demais a implantar nossa visão e, de maneira clara e honesta, mostrar o plano de carreira possível. E por entendermos que vida pessoal e profissional estão conectadas, nosso RH, por exemplo, é orientado a analisar todas as redes sociais dos candidatos. Na rede, descobrimos as paixões, os sonhos, os hábitos, as amizades, a filosofia de vida e até os aspectos morais que os caracterizam. Outra ferramenta que considero fantástica é o nosso Código de Ética, que exige certas posturas e condutas no âmbito da moralidade. E ele não existe por causa dos bons funcionários (que vão praticá-lo naturalmente), mas por causa da presença dos maus. As penalidades estabelecidas são um freio para maus comportamentos.

Entenda que regras rígidas são uma proteção para os honestos, são sinônimo de cuidado e zelo pelo que é íntegro e bom. Nunca devemos esquecer que os maus também desejam os benefícios desfrutados pelos bons, e esta apropriação será facilitada se não encontrarmos barreiras que a dificultem.

Talvez você se pergunte: com tantas estratégias para blindar a cultura da organização e preparar funcionários de excelência, suas empresas não devem ter erros e problemas, não é mesmo? Engano seu.

> **VIVEMOS EM UMA SOCIEDADE COM VALORES, COSTUMES E CULTURAS VARIADAS, E CADA INTEGRANTE CHEGA AO TIME COM SUA BAGAGEM, COM SEUS VÍCIOS E VIRTUDES. E ISSO REQUER CUIDADOS.**

Sem dúvidas, proporcionalmente, reduzimos bastante as chances de erros, desmotivação, mau atendimento etc. Mas isso ainda acontece. Confesso que me deixa aborrecido, depois de criar tantas coisas legais para os funcionários, oferecer treinamentos operacionais e avançados, desenvolver benefícios, planos de carreiras e experiências para encantar os clientes, pecar com a falha humana.

LIDERANÇA: UMA AÇÃO REATIVA CONTRA A IGNORÂNCIA

Fazemos de tudo para escolher bem a composição do nosso time, mas entendemos que precisamos manter o ritmo do time e a rota continua da embarcação. Situações adversas sempre surgirão para nos desviar do alvo e dispersar nosso foco. A estratégia mais eficaz para mantermos o alto desempenho organizacional é o conhecimento, e o oposto do conhecimento é a ignorância. Essa é a principal arma do seu adversário. A instrução que você segue determina o futuro que criará. Seu futuro é decidido por quem você escolheu acreditar. Acreditar na coisa certa, coerente, que nos edifica e nos prospera é resultado direto do conhecimento que temos.

> **AS PESSOAS LAMENTAM AS DORES DO PASSADO, MAS SE ESQUECEM DE MUDAR O PRESENTE PARA VIVEREM UM FUTURO MELHOR.**

Oséias 4:6 nos diz: "Meu povo foi destruído por falta de conhecimento". As pessoas lamentam as dores do passado, mas se esquecem de mudar o presente para viverem um futuro melhor.

Qual é a importância de um processo de mentoria? A ignorância é a ausência de conhecimento sobre determinado assunto, e se acomodar, não querer aprender coisas novas, leva à mediocridade. A maioria não pensa nisso e depois chora pelas consequências de suas imprudências e reflexos de suas atitudes sem visão.

Um grande rei, Salomão, disse certa vez: "Como é feliz o homem que acha a sabedoria, o homem que obtém entendimento, pois a sabedoria é mais proveitosa do que a prata e rende mais do que o ouro. É mais preciosa do que rubis; nada do que você possa desejar se compara a ela. Na mão direita, a sabedoria garante a você vida longa; na mão esquerda, riquezas e honra" (Provérbios 3:13-16). Uma mentoria tem a capacidade de alimentar a mente e aquecer o coração com expectativas reais de crescimento. E isso não tem preço. Quem não investe em vidas e em treinamento de líderes em breve se deparará com o *game over*.

Afinal, qual a verdadeira função de liderar, treinar, mentorear? Hoje em dia, muitos se dizem líderes. Entretanto, o líder que brinca com as vidas sem conhecer o coração e os sonhos dos seus liderados jamais conseguirá resultados e colherá a vergonha da incompetência criada por sua própria ganância. Já o líder sábio entende que o princípio da liderança é servir, proteger e prover. É ter a força para inflamar um povo rumo à vitória e celebrar sempre para gerar cada vez mais vida.

Um sonho fora do comum exigirá um mentor fora do comum. Sem um grande líder, a mediocridade dominará o ambiente corporativo, que se resumirá a "reuniões de circo" onde sempre há o rei, o príncipe e os bobos da corte.

> **BUSQUE A ESSÊNCIA. CADA INDIVÍDUO TEM UMA MARCA PESSOAL. DÁ PARA RECONHECÊ-LA PELO FRUTO QUE PRODUZ.**

Cuidado com as fórmulas, lembra? Busque a essência. Cada indivíduo tem uma marca pessoal. Dá para reconhecê-la pelo fruto que produz.

Hoje em dia é muito comum vermos "fórmulas do sucesso". Como se houvesse uma matemática exata, muitos replicam ideias e até palestram sobre diversos assuntos de gestão ou financeiros, sem nunca terem tido uma empresa, uma equipe ou o próprio controle financeiro, ou seja, sem ter uma retaguarda eficiente e comprometida.

Nesse processo de mentoria, é importantíssimo buscar conhecer o coração das pessoas, o que só é possível se aproximando delas. Entretanto, os liderados também têm seus mecanismos de defesa quando se trata de "abrirem seus corações" para os superiores. Eles só farão isso se houver:

- **CREDIBILIDADE.** Isso não é imposto, mas conquistado com bons exemplos, ou seja, se o líder condiz com o que fala e se é capaz de fazer o que manda. Uma equipe vencedora não se faz com hipocrisia do tipo "faça o que eu mando, mas não faça o que eu faço".

- **BUSCA POR RESPEITO.** Se o colaborador se sente respeitado pelo trabalho que realiza, será estimulado e estará sempre motivado a progredir e se empenhar mais e mais no que executa. Porém, se perceber que a liderança desdenha de suas atividades, isso fechará seu coração para qualquer tipo aproximação.

- **IMPARCIALIDADE NA CULTURA CORPORATIVA.** É o chamado senso de justiça para com o liderado, que sabe que não existe favoritismo sem mérito. Mas atenção: não confunda isso com programas de recompensas ou benefícios por mérito, que são elementos promotores de um espírito de competição saudável, com regras claras e justas. Qualquer funcionário criará uma barreira emocional para com os superiores se for notório que há favoritismo sem esforço ou merecimento pessoal.

- **COMUNICAÇÃO SEMPRE TRANSPARENTE, CLARA E SINCERA, QUE GERE CONFIANÇA.** O colaborador fica ou sai da empresa por causa do líder. Nesse contexto, existe algo muito poderoso que pode ligar os sonhos e os propósitos de líder e liderado: o caminhar ao lado. Não existe melhor maneira de se conectar com seus liderados diretos do que em momentos fora da empresa. Pode ser em um churrasco, cinema, futebol, viagens etc. Tudo de maneira saudável, mas fincada nos valores que deixam claro o propósito, o servir e a importância de momentos de comunhão. A liberdade (não libertinagem) nos faz identificar sentimentos e gerar expectativas ainda maiores. Quando você faz naturalmente o melhor para sua equipe, ela fará o melhor por você.

RESGATE: A TENTATIVA DE RECUPERAR UM SOLDADO

Numa batalha, a equipe médica é imprescindível. Os feridos não podem ser abandonados, deixados para trás. É claro que, em alguns casos, a imprudência, o despreparo ou o desleixo serão fatais, sem possibilidade de resgate, mas uma boa equipe defensiva trabalhará com sabedoria para recuperar os feridos.

Vamos falar sobre os erros com os quais devemos ser intolerantes e os comportamentos que ocasionarão, caso não haja recuperação, a exclusão do time (da qual trataremos no próximo tópico deste capítulo).

Errar faz parte de todo aprendizado. "Errar é humano, mas insistir no erro é burrice", diz o ditado popular. Costumo dizer que não se deve cobrar o que não foi ensinado. Até aí, tudo certo. É tolerável aceitar um erro, mas repeti-lo, além de ser uma decisão pessoal, é um ato de negligência, desrespeito e tolice. Quando isso ocorre no âmbito de uma empresa, um bom líder deve saber como agir, mas o lamentável é que as pessoas erram, todos os dias, nas mesmas coisas que as impedem de crescer em todas as áreas, limitando-se de ter uma vida abundante. Quantas vezes você repetiu o mesmo erro e se questionou depois, refletiu com sinceridade a fim de mudar e não o cometer de novo? Escute: o que passou você não pode mais mudar, é passado, mas saiba que suas próximas decisões estão em suas mãos, o futuro ainda será escrito. Então, não cometa os mesmos erros!

Não aprendemos uma lição com um equívoco que cometemos, mas com a nossa mudança de postura depois dele. Neste ponto, precisamos distinguir entre erros de caráter e erros decorrentes da função. Erros de função são resolvidos com treinamentos, mas erros de caráter, não. Além de treinamentos, há ferramentas legais como a advertência e a suspensão. Mas atente para não usar um cartucho em vão: uma advertência para um funcionário "sem-noção" pode até ter um efeito corretivo e provocar

> **NÃO APRENDEMOS UMA LIÇÃO COM UM EQUÍVOCO QUE COMETEMOS, MAS COM A NOSSA MUDANÇA DE POSTURA DEPOIS DELE.**

um despertamento, porém uma suspensão não serve para um "sem-vergonha", por exemplo. Um indivíduo mau-caráter vai achar bom se você der "uns dias de folga" para ele, isso sim. É capaz de ir para a praia, em pleno dia de semana e ainda postar *selfies* para desdenhar da empresa.

Quando falamos em erros de caráter, a tomada de medidas drásticas se torna necessária. Claro que tudo que estou dizendo é baseado na cultura e nos valores que entendo como fundamentais para um time saudável e, por consequência, prosperidade nos pilares de uma vida abundante. Conheço casos de empresas que "permitem" roubos, desonestidade, golpes, lideranças que valorizam a vitória a qualquer preço numa cultura imoral na qual "os fins justificam os meios". Esse comportamento atrai pessoas de igual valor, e um ciclo vicioso de insegurança e corrupção se torna parte da cultura da empresa. Em geral, isso também é transmitido pelo semblante da maioria da equipe.

Deixa-me contar uma história. Certa vez, uma funcionária nossa foi flagrada roubando dinheiro do caixa. Primeiro, fiquei assustado que alguém, sabendo da tecnologia, das conferências, das câmeras e do controle que temos, ousasse roubar uma de nossas escolas. Segundo, minha resposta foi imediata e assim ensinei aos meus liderados diretos que contra desonestidade é imperativo ser radical e levar até as últimas consequências. Obviamente, chamamos a polícia e a funcionária foi presa.

Falei que este capítulo seria um pouco pesado, mas não posso deixar de relatar casos reais que podem acontecer com todo tipo de liderança. Detalhe: essa pessoa já havia participado de um treinamento de liderança, tinha bons relacionamentos na empresa e cumpria bem sua função. Mas incorreu em um erro, não de função e sim de caráter. Entenda em definitivo: se quiser construir uma equipe de sucesso, não tolere maus-caracteres. Seja firme.

Abrir brechas é facilitar novas ocorrências desastrosas. E mais, depois de lidar com a situação, comunique à equipe o ocorrido e explique com clareza sua postura diante do fato. Assim, fortalecerá a cultura da empresa.

Talvez você esteja se perguntando: "Leandro, mesmo com a super Alana filtrando e defendendo o recrutamento da sua empresa, mesmo com o treinamento de liderança, ainda existe a chance de coisas assim acontecerem?". Incrivelmente, existe.

Pois bem, muitas vezes podemos conviver anos com alguém, até com um familiar, e mesmo assim é possível se decepcionar. Imagine então numa equipe de centenas de pessoas? Então, a resposta é sim! Pode acontecer. Claro que eu trouxe um exemplo forte de um roubo, mas podem haver erros de caráter como mentiras destruidoras, fofocas "inocentes" sobre outros componentes da equipe e comentários maldosos em desrespeito a um cliente potencial, até podendo manchar o nome de sua empresa. Então, não brinque com o que pode arruinar seu negócio e afundar seu navio!

ELIMINAÇÃO

Se as ações de resgate não surtirem efeito positivo, a demissão será a única maneira de atender e respeitar as pessoas que promovem bons resultados e não as sobrecarregar com outras que não dão resultados. Deixar as pessoas erradas no posto é injusto com as pessoas certas, que terão de compensar as falhas dos outros. É um ato de covardia deixar pessoas "mofando" profissionalmente durante meses, roubando um tempo precioso de suas vidas que elas poderiam usar para buscar algo novo e ao qual estivessem mais adequadas, enquanto todos sabem que elas não vão vencer as dificuldades e os desafios daquele cargo. E pior ainda, esses colaboradores improdutivos podem incentivar outros a deixar a empresa, por verem seus esforços desperdiçados e não conseguirem gerar os resultados que gostariam.

Lembra-se do tripulante inconveniente? Deixe-o seguir seu rumo em outro barco! Mas como agir com justiça e coerência? São duas as premissas da demissão. Ao olhar

> **DEIXAR AS PESSOAS ERRADAS NO POSTO É INJUSTO COM AS PESSOAS CERTAS, QUE TERÃO DE COMPENSAR AS FALHAS DOS OUTROS.**

para um profissional, se você se perguntar: "Eu contrataria essa pessoa hoje?" e a resposta for negativa, ele deve entrar na lista dos "demitidos". Da mesma maneira, se a pessoa viesse até você para dizer que vai se desligar da empresa, você se sentiria aliviado? Então, ela já deveria ter sido demitida.

Siga o parâmetro dos três comportamentos que justificam a exclusão de um membro do time, pois são valores inegociáveis. Ser tolerante com estes elementos negativos coloca em dúvida até que ponto se quer ser um líder de excelência.

A. O IMPRODUTIVO

O improdutivo é o indivíduo incapaz de gerar resultados. Seria surreal um empreendimento ser considerado bem-sucedido sem resultados relevantes para seus acionistas e seus *stakeholders* em geral. O acompanhamento da performance é essencial para uma análise precisa de cada liderado.

O mais comum nas empresas são funcionários trabalhando sem *feedbacks* da sua produtividade. Isso desestimula os bons e premia os ruins, que se escondem atrás dos números do resultado geral de um grupo. Não há nada mais frustrante para um liderado excepcional do que ser nivelado a um outro do mesmo setor que não executa bem suas funções. É importante ser explícito em validar e beneficiar os melhores em público e dar o *feedback* corretivo às pessoas que precisam se aprimorar em particular. O improdutivo quer ser igualmente recompensado de qualquer maneira, pois pensa que os funcionários têm de ter direitos iguais. Quem falou que isso é verdade?

Seria justo produzir mais, se esforçar mais, gerar mais retorno e ser tratado igual àquele que não se esforçou, não produziu e não trouxe retorno acima do esperado? Lógico que não. O improdutivo tem uma forte tendência a se tornar um bajulador, uma vez que não se empenha, não se esmera em crescer e merecer conquistas por esforços e dedicação. Os incompetentes e acomodados têm como prática a bajulação.

Usarei um exemplo simples da Bíblia. A parábola dos talentos nos ensina de maneira preciosa como lidar com nossos liderados. Jesus conta a história de um homem que chamou alguns liderados e distribuiu talentos para o tempo em que ficaria fora do seu país. Então, você pode se imaginar entregando uma função, um trabalho ou uma missão, para seus liderados. Relata o Livro que cada um desses homens recebeu uma quantidade diferente, segundo sua capacidade. Cinco para um, dois para outro, e um para

> O MAIS COMUM NAS EMPRESAS SÃO FUNCIONÁRIOS TRABALHANDO SEM *FEEDBACKS* DA SUA PRODUTIVIDADE. ISSO DESESTIMULA OS BONS E PREMIA OS RUINS, QUE SE ESCONDEM ATRÁS DOS NÚMEROS DO RESULTADO GERAL DE UM GRUPO.

um terceiro. Primeira observação: é necessário ter visão para delegar funções de acordo com a capacidade de cada um. A sequência da parábola nos mostra que, então, o líder se ausentou.

O homem que recebera cinco talentos os negociou e produziu mais cinco. Do mesmo modo, o que recebeu dois negociou mais dois. Mas o que recebeu um guardou o dinheiro e não produziu nada. Tempos depois, o líder retornou e determinou que prestassem contas a ele. Segunda observação: é necessário acompanhamento e prestação de contas de qualquer função entregue a um liderado. Depois da conferência dos resultados, o líder criou um novo plano de ação. Terceira observação: baseado na produtividade, ele destacou os que executaram com excelência o que lhes foi delegado e daquele que não produziu, mesmo tendo apenas "uma missão", foi retirado até o que lhe foi confiado inicialmente. Quarta observação: uma frase poderosa é falada para os que produziram: "Sobre o pouco fostes fiel, sobre o muito te colocarei".

Com essa lição, o líder precisa aprender que não se promove pessoas com base em contos de fada, mas em cima de compromisso com a missão e com a produtividade. Seja qual for a função, se o funcionário não for excelente no pouco, jamais será no muito. Parece simples, mas no dia a dia isso é muitíssimo importante. Quinta e última observação: o que não produziu justificou, de maneira respeitosa, o porquê de ter guardado o dinheiro. De maneira radical e correta, o líder o advertiu, chamando de mau e negligente, e lhe retirou o dinheiro, passando para aqueles que sabiam executar melhor suas funções. Fica aqui outra preciosa lição de gestão para lidar com liderados: não deposite mais credibilidade em quem não executa aquilo que foi confiado.

Essa parábola serve para qualquer área da vida. Você recebe oportunidades de multiplicar seus dons, sua vida financeira, seus bens, seu tempo, sua excelência, e aprimorar cada coisa será fundamental para receber coisas maiores ou perder o que tem. Aprendemos também que seremos cobrados por aquilo que nos é concedido. Por isso, qualquer pensamento de que tirar de quem produz para dar para quem não produz só gera escassez, acomodação, improdutividade e mente cauterizada em limitações. Países evoluídos, de primeiro mundo, não têm esse discurso, que para mim soa bastante hipócrita e injusto. Todos podemos ter uma vida abundante, mas é necessário entender o caminho da produtividade que gera prosperidade pelo empenho e pela fidelidade de cada um.

B. O DISPLICENTE

Se tem uma coisa que me irrita demais é a displicência. E o motivo é muito simples: existem tarefas que não exigem talento nem certificações, e funcionários displicentes com elas devem ser retirados da empresa. Há uma diferença entre cometer um erro e ser displicente. Chegar no horário depende de talento? Atender com empatia depende de talento? A maneira de se apresentar depende de talento? A organização de um trabalho a ser apresentado depende de talento? Ética no trabalho depende de talento? Esforço depende de talento? Atitude proativa depende de talento? Vontade de aprender depende de talento? Eu poderia listar mil coisas que não dependem de talento, mas de bom caráter. De boa vontade. De querer ser e fazer o melhor.

A displicência é o contrário do comprometimento. Os que "vestem a camisa" da empresa e assumem o compromisso de zelar pela imagem institucional são diligentes e interessados em crescer profissionalmente. O fato é que a maioria dos profissionais sabe o que deve fazer, mas a displicência os coloca em risco de serem substituídos por outros profissionais que apresentem o afinco desejado pela liderança. Nenhum líder será o melhor em todas as áreas e funções da sua equipe. Por isso, como saber se o que é realizado é de fato o melhor? Entenda: um grande líder prepara pessoas melhores do que ele para funções específicas, que devem ser aprimoradas

> A DISPLICÊNCIA É O CONTRÁRIO DO COMPROMETIMENTO. OS QUE "VESTEM A CAMISA" DA EMPRESA E ASSUMEM O COMPROMISSO DE ZELAR PELA IMAGEM INSTITUCIONAL SÃO DILIGENTES E INTERESSADOS EM CRESCER PROFISSIONALMENTE.

pelo liderado a ponto de surpreender. Ninguém pode me apresentar nada de maneira displicente, sem uma pesquisa detalhada e sem métricas. A maioria das ideias e dos projetos acaba dando errado porque as pessoas vivem no "Fantástico mundo de Bob".[5] Esquecem que qualquer proposta, projeto ou meta precisa ser "SMART", sigla em inglês para Específica, Mensurável, Relevante, Realizável e Temporal. Temos hoje mais informações na palma de nossas mãos do que toda a assessoria do presidente dos Estados Unidos nos anos 1990. Naquela época, não existia o poderoso Google.

---

[5] Você pode conhecer mais sobre essa animação em: http://infantv.com.br/infantv/?p=2757.

Então, considero inadmissível alguém me dizer que não sabe fazer algo. Displicência pura! Tomada de decisão sem informação é loucura. Informação sem tomada de decisão é tolice. Muitos funcionários não buscam informações para enriquecer suas ideias apenas por preguiça. E a displicência é parceira da ignorância, portanto, não deve ser permitida. Todos podem cometer erros, mas ser displicente é não ter cuidado, ser relaxado, fazer um trabalho medíocre. Existem tantos recursos tecnológicos, muitos deles gratuitos como os aplicativos, que possibilitam a gestão de informações e o gerenciamento de tarefas, desde a mais simples como controlar quanto copos de água você deve beber por dia até soluções corporativas como estatísticas de *views* e *likes* das redes sociais, fundamentais para as ações de marketing –, mas o displicente vai continuar afirmando que não sabe, que não tem e que não consegue.

O contrário da displicência é a excelência. Displicência gera escassez. Excelência gera abundância. Um exemplo nacional da excelência é Gisele Caroline Bündchen. Uma supermodelo que, em 2000, foi considerada pela revista *Rolling Stone* a modelo mais bonita do mundo e entre 2004 e 2016, pela revista *Forbes*, a mais bem paga.[6] Qual é a mola propulsora de seu sucesso? Fazer tudo com excelência, empenho, diligência, esmero, dedicação. Tudo menos displicência!

Você já deve ter notado em determinada ocasião, quando solicitou a alguém para realizar algum serviço que não foi executado com excelência em diversos pontos, deixando a desejar, como isso causa transtorno no ambiente corporativo. E isso, na maioria das vezes, não está relacionado ao serviço, mas

---

[6] "Gisele Bündchen." *Estadão*. Disponível em: <https://acervo.estadao.com.br/noticias/personalidades,gisele-bundchen,577,0.htm>. Acesso em: 20 maio 2019.

à displicência no dia a dia. Alguns desses profissionais, por serem displicentes, chegam atrasados, faltam com justificativas incabíveis, trabalham de qualquer jeito etc. Usei esse exemplo para facilitar a ilustração e reitero que existem excelentes pedreiros. Tendo essa ideia como base, fica fácil perceber quantos pontos não dependem de talento, e sim da execução com excelência.

Funcionários que otimizam seu tempo não são displicentes. O problema é que mais se parecem com andarilhos, ficam pela beira do caminho dando informações e orientações sem conhecer nada do assunto. E muitos têm seguido cegamente em direção ao precipício, apenas porque deram ouvidos à voz errada. Amargam a destruição, o caos e as incertezas. Líderes sem visão, por mais que sejam especialistas em fazer reuniões, jamais conseguirão conduzir um povo à vitória. A consequência da falta da liderança é levar um povo, sem que ele perceba, à frieza, a um lugar onde o errado vira certo e o certo vira errado. Frieza traz enfermidade.

Se esses conselhos fizerem parte da cultura de sua empresa ou seu time, você não permitirá funcionários preguiçosos e displicentes que comprometam sua marca. Displicência custa tempo e dinheiro. A displicência custa caro para uma empresa, para uma igreja, para um lar, para toda a sociedade. Muitas vezes, contabilizamos apenas os prejuízos, mas quanto lucro deixamos de obter por conta das conquistas e das oportunidades que não alcançamos por causa dos displicentes?

C. O INGRATO

Para mim, o ponto principal que distingue um vencedor de uma pessoa medíocre é a gratidão. Os gratos são mais felizes, produzem mais e geram prosperidade. Os ingratos tiram a paz do ambiente corporativo. O ingrato, no momento oportuno, atacará. Já o grato, no momento de luta, será seu aliado. O ingrato é um rebelde disfarçado. Sempre vai trazer outra visão para dentro do time, dividindo-o. Claro que é importante saber ouvir opiniões diversas. Mas, quando se trata de pessoas ingratas, o objetivo nunca será acrescentar ou edificar. Gente assim tem uma carga de amargura destruidora. Você pode fazer tudo por elas, mas no dia que ouvirem um "não" ou uma "crítica", suas máscaras cairão. Elas reclamam e até difamam os líderes e a empresa em que trabalham, tudo por conta da ingratidão.

Há outros pontos que também podem ser abordados e justificam a eliminação, visando defender e prezar pelo bem da equipe e da empresa. São o que chamo de 3Ss: o "sem-noção", o "sem-vergonha" e o "sanguessuga". São desvios de conduta intoleráveis numa equipe de heróis saudáveis.

Quero destacar o "sanguessuga, que é aquele que não quer ser você, mas quer o que é seu! Ele não quer trabalhar pelo que deseja conquistar. O sanguessuga pode vir de qualquer classe social e vive atrás das oportunidades fáceis, e não das conquistas. É o cara que está em busca do pote do ouro de maneira fantasiosa. Que busca atalhos a qualquer preço, nem que para isso precise dar um golpe, ferir princípios. Ele não é burro, mas usa estratégias com intenções erradas. Busca seus próprios interesses, nunca os alvos do coletivo, do time. Sabe ser político para alcançar o que quer. O sanguessuga é o mais difícil de identificar, porque demonstra boas intenções. E dos 3 S, é o mais perigoso. Dou, agora, um exemplo lamentável, mas necessário: o de satanás, que, mesmo tendo uma posição privilegiada no Reino Eterno, queria ser igual a Deus e usurpar o trono do Todo-Poderoso. Ele transfigura-se em anjo de luz (daí o nome original de Lúcifer) para esconder seus ideais maquiavélicos. Esse ser diabólico assemelha-se muito ao "sanguessuga". E por causa de tanta ambição negativa e más intenções esse tipo de gente é um grande candidato a ser traidor. Não importa o seu nível de excelência na liderança, sempre haverá riscos de 8,33% o trairem, segundo o exemplo de Jesus: dos 12 discípulos, um o traiu; ou seja, 8,33%.

Cuidado com os falsos, que podem até parecer formadores de opinião. Cuidado com as estórias sem histórias, pois causam danos terríveis, destroem sonhos e iludem pessoas, já que sua raiz está em discursos políticos, não em princípios e valores. Seus discursos podem ser semelhantes aos de bons líderes, mas diferem nas atitudes. Não sei se você já percebeu, mas em todas as histórias envolvendo traição e sabotagem os traidores, em geral, são pessoas próximas. Puxarão seu tapete se tiverem oportunidade. Não estão em busca da essência do coração dos líderes, mas do que eles têm em suas mãos para dar. Eles não querem ser, só pensam em ter. Já dizia o ditado de Agur: "Duas filhas tem a sanguessuga. 'Dê! Dê!', gritam elas [...]" (Provérbios 30:15).

MESMO ASSIM, CONTINUOU NO BARCO?

A história de Jonas no barco ainda não terminou. Jonas disse ainda que a única solução para que a tempestade cessasse era jogá-lo no mar. Mas o comandante decidiu não fazer isso e tentar levar o barco até uma terra próxima, para que Jonas pudesse descer. Quando ele tomou essa decisão, o mar e a tempestade continuaram aumentando e destruindo ainda mais. É impressionante como as pessoas identificam seus problemas, mas muitas vezes, não os eliminam de sua vida ou de seu time. Adiar um problema é aumentar a destruição. Depois de muito caos, destruição e perdas, Jonas foi arremessado para fora do barco e o mar se acalmou.

Pensando nessa história, gostaria que você refletisse sobre as pessoas do seu time. Lembre-se de que seu time é seu maior patrimônio e por isso você deve ser crítico ao colocar pessoas novas em seu esquadrão e radical com pessoas que destroem sua visão. Provavelmente, muitos pedirão uma nova chance, dirão que não vão mais errar, que estão arrependidos. Mas será verdade? Houve arrependimento (pesar ou lamentação pelo mal cometido; compunção, contrição) para produzir mudança radical ou mero remorso (inquietação, abatimento da consciência que percebe ter cometido uma falta, um erro; é um sentimento de culpa), que não produz mudança? Remorso é a tristeza pela consequência de um erro, mas não pelo erro em si. Se não houvesse consequência ruim, não haveria o sentimento. Quem tem remorso está sempre voltado para si, pode se inclinar para alguma situação com aparência de arrependido por um tempo, mas será passageiro. As consequências do arrependimento e do remorso também fazem muita diferença.

Vamos refletir sobre uma história que muitos conhecem, a de Judas, talvez o traidor mais famoso de todos os tempos. Judas (o cara que representa os 8,33% lá de cima). Se Deus é amor, você já parou para pensar que Jesus poderia ter perdoado Judas? Pois bem, aqui está o ponto: Judas sentiu remorso (tristeza pelas consequências e pelo contexto que prejudicaram sua imagem) e não arrependimento (mudança verdadeira). Pedro negou Jesus três vezes, mas se arrependeu. Podemos ver com clareza o arrependimento de Pedro logo depois de ter negado Jesus por três vezes. Quando o galo cantou, Pedro caiu em si, viu a realidade de sua natureza humana e chorou com amargura, arrependido. Logo depois, vemos Judas com tanto remorso que cometeu suicídio.

Onde não existe arrependimento, não existe cura. O acúmulo de remorsos gera loucura e um vazio que vive em busca de algo que tente preencher aquilo que não foi reparado. O remorso tem a ver com ego.

E COMO LIDAR COM O CLIENTE?

Mesmo com incontáveis treinamentos, cuidados com as vidas, explicações das regras e dos valores, os erros podem acontecer, como acabei de dizer. John C. Maxwell, em *O livro de ouro da liderança*, fala da frustração em ver que, entre os que participavam dos treinamentos que ele organizava, uns saíam transformados e prontos para conquistar sonhos gigantes, enquanto outros ouviam a mesma coisa, mas saíam bocejando e achando tudo bobagem. Se um grande treinador como ele relata isso, ninguém está imune em relação aos treinamentos que ministra. Isso não nos autoriza a deixar de treinar para diminuir os problemas e potencializar vidas, que é a missão maior.

Já o relacionamento com o cliente nem sempre é fácil, mas o ideal é tratá-lo como prioridade e ter a sensibilidade de agir com transparência. Quero lembrar que estamos falando de erros de caráter e descumprimento do código de conduta. São coisas muito raras. Mas, se houver alguma ocorrência de má conduta por parte de um membro de nossa equipe, medidas disciplinares devem ser tomadas de imediato.

Para finalizar esse assunto, não busque problemas nem espere por eles, mas, caso ocorram, aja imediatamente! Vale dizer que, mesmo com todo o cuidado e análise na contratação de pessoas, ninguém estará imune a profissionais incompetentes ou maus-caracteres. Porém, sem dúvidas, seguindo esses conselhos, você terá um ótimo filtro para fortalecer sua linha defensiva e diminuir bastante a probabilidade de erros.

CAPÍTULO 5

A INSPIR

HEROÍNA
NEELIE

ADORA

AS HABILIDADES DA INSPIRADORA

De uma coisa eu não tenho dúvida: um líder que não inspira pode ter todos os recursos nas mãos, mas não conseguirá levar a equipe ao topo! Sim, tive de começar este capítulo sendo bem incisivo, pois o poder da inspiração é capaz de transformar qualquer adversidade em uma superação. Quantas vezes você já enfrentou problemas sem saber quais seriam as saídas? Quantas vezes já viu seu time desmotivado e não sabia o que fazer? Quantas vezes já reclamou da própria equipe? Quantas vezes ficou desmotivado consigo mesmo? E nessas horas críticas, será que apenas dispor de recursos resolve?

Vamos falar neste capítulo sobre como a inspiração é capaz de gerar resultados, orgulho e satisfação. Nosso esquadrão respeita e valoriza as virtudes de cada componente do time, e todos têm diversas habilidades, mas quando falamos de inspiração, nossa heroína Neelie dá um show à parte. Vamos refletir sobre coisas intangíveis. Não nos ateremos a fórmulas ou dicas de ações A, B ou C. Falaremos de virtudes que não se compram na prateleira de um mercado. Certa vez, o mestre disse que "o homem bom tira coisas boas do bom

> **O PODER DA INSPIRAÇÃO É CAPAZ DE TRANSFORMAR QUALQUER ADVERSIDADE EM UMA SUPERAÇÃO.**

tesouro que está em seu coração, e o homem mau tira coisas más do mal que está seu coração, porque a sua boca fala do que está cheio o coração" (Lucas 6:45). Vamos falar do que antecede a ação de seu time, de poderosas virtudes que incendeiam o coração.

Não adianta querer ensinar algo sem inspirar. Se sua liderança é apática, sem brilho, sem uma chama ardente em seu peito e se houver um grande abismo entre suas aspirações e suas ações, você não moverá ninguém com seus discursos. Suponhamos que esteja acima do peso e deseje emagrecer. Você vai a um médico especializado em perda de peso. Chegando à entrada, vê em uma parede diversas certificações que validam um conhecimento imenso. Ao entrar no consultório encontra o doutor e observa que ele está no mínimo com 50 quilos a mais do que deveria. Como sua mente reagiria a isso? Será que você ficaria inspirado em seu objetivo de perder peso? Claro que não! Para inspirar vidas, é preciso falar e viver aquilo em que se acredita, com firmeza. Não significa que não cometeremos erros nem que sejamos perfeitos, mas que, *na área específica* em que se deseja inspirar, é necessário viver aquilo intensamente. Será que o médico bem acima do peso acredita na fórmula e nos métodos dele? Por que, então, não os usa? Você nunca vai inspirar ninguém se suas palavras forem incongruentes com suas ações. Não se pode dar às pessoas o que não se tem, o que não é ou o que não se vivencia. Muito menos o que não está enraizado em nós.

Imagine um torcedor obcecado por futebol, estudioso de todos os campeonatos, conhecedor da história do seu time do coração, sócio-torcedor assíduo em todas as partidas. Pense nesse cara aparecendo com a camisa de um time adversário. Qual impacto ele vai causar em seu clube? Qual imagem vai passar? Continuará inspirando os torcedores do seu time? Com certeza não! Muito mais que conhecimento, a inspiração é gerada pela paixão por uma causa. E nós atraímos pessoas que defendem a mesma bandeira ou que acreditam em nossos sonhos e passam a vivê-lo junto. Haverá aqueles que se inspirarão em você, o admirarão e aplaudirão, e aqueles que seguirão juntos em uma jornada de sucesso e aprendizado constante. Tanto os que apenas observam quanto os que seguem são positivos quando você realmente inspira. Porém, fica um alerta: onde há inspiração e paixão, existirão os contrários. Eles devem ficar longe, não os traga para perto nem dê foco a quem não tem a mesma paixão e visão que você. Claro que existe uma linha tênue entre a descoberta de um talento inexperiente que, por meio da inspiração, pode se tornar um vencedor ou um sanguessuga que só desperdiçará tempo e investimentos.

O ser humano se inspira por aquilo que é condizente com o que ele deseja. Algumas perguntas que você deve se fazer são: será que estou inspirando? E em quais áreas? Mas cuidado para não se avaliar de modo diferente de como as pessoas o avaliam, a fim de não criar uma autoimagem irreal. Tanto subestimação quanto superestimação de si mesmo podem trazer consequências desastrosas nas relações sociais. Lembre-se de que estamos falando sobre os outros se inspirarem em você. Nesse caso, a opinião das pessoas pode ser uma grande descoberta para mensurar e lapidar ainda mais aquilo que

> **O SER HUMANO SE INSPIRA POR AQUILO QUE É CONDIZENTE COM O QUE ELE DESEJA.**

inspira ou se corrigir para passar a inspirar. Experimente perguntar a umas dez pessoas e poderá se surpreender positiva ou negativamente. E use o resultado, qualquer que seja, como combustível para tornar-se mais inspirador.

Entenda que você não precisa se inspirar em tudo. Mais uma vez, friso que não é questão de ser perfeito, todavia, inspire-se na área específica que amplia sua potencialidade e sua missão. Há milhares de coisas que não sei fazer e nas quais não conseguiria inspirar ninguém. Por exemplo, não consigo fazer nenhum tipo de comida. Amantes de culinária não têm nada a se inspirar em mim nessa área, mas sim em outras. Tudo sempre dependerá de qual sua missão, do que deseja transformar e de sua perícia em sua habilidade. Identificar em que você deseja se inspirar e para onde conduzirá as pessoas trará sentido ao seu propósito. É quase certo que você não se inspirará em todas as áreas. Claro que quanto mais buscar virtudes e qualidades, maior a chance de alguém se inspirar em você em diversas áreas, mas não ser bom em tudo não invalida o que você se inspira especificamente.

Um dos caras que mais admiro como palestrante na área espiritual é um camarada bem acima do peso. Observem que iniciei dizendo que ele é um dos caras que mais admiro, e é mesmo. Ele é impressionante falando! Mas na área da saúde, eu não me inspiraria nele. Isso não muda nada sobre o que penso, apenas não me inspiro nessa área em especial. Por outro lado, no que diz respeito ao alimento espiritual, ele é uma das minhas maiores inspirações no mundo. De modo semelhante, há uma pessoa que me direciona e me inspira na área da saúde, mas não na vida social. Isso me mantém admirando-a e gera em mim desenvolvimento. Existem empresários e líderes que me inspiram com suas estratégias e sua visão, mas não me inspiram em sua área familiar. Há esportistas que me inspiram com sua disciplina e sua superação, mas talvez não em outros aspectos. Em todos esses casos, meu foco sempre estará no que me inspira e no respeito e na admiração pela pessoa. Afinal, inspirar não é para qualquer um. Enfim, eu poderia dar mil exemplos. De fato, é importante entender que existirão casos em que queremos nos inspirar em algumas pessoas em áreas específicas. Sempre buscaremos inspirações naquilo que seja compatível com nossos valores, nossos desejos e nossas metas. E como líder, ou mesmo que ainda não atuando à frente de um time, você precisa de inspirações. Anote áreas nas quais pretende melhorar e tenha referências que fortaleçam seus ideais. Esse é o ponto de partida para melhorar em diversas áreas da sua vida. Liste suas prioridades e suas referências.

ESTOU ME PREPARANDO PARA INSPIRAR MAIS?

Depois de identificar os pontos nos quais você é inspirador, deve se questionar quanto está se preparando para inspirar mais. Inspiração atrai pessoas, até uma multidão incontável. Para isso, você precisa ser crítico e disciplinado em buscar melhorias. Suas melhorias pessoais gerarão novos líderes que se inspirarão em você. E essa inspiração é o primeiro passo. É ótimo conquistar pessoas que se inspiram em você. Saiba que poucos conseguem, mas nem isso é o suficiente para ter um time extraordinário. É fundamental entender que a inspiração não é sinal de ação do seu liderado, ela mostra apenas que ele encontrou uma referência. Ou seja, você é o agente ativo em criar uma atmosfera inspiradora. A passividade não inspira ninguém. Onde há passividade não há comprometimento.

Então, vamos sair "dando tiro para todo lado", buscando motivações e inspirações em tudo e em todos? Cuidado! "'Tudo é permitido', mas nem tudo convém. 'Tudo é permitido', mas nem tudo edifica" (1 Coríntios 10:23). Ou seja, tudo pode, mas nem tudo inspira. Tudo está ao nosso alcance, mas é preciso filtrar o que de fato seja bom, signifique sucesso e seja de valor para mim e para as pessoas ao meu redor.

Não me interessa inspirar por inspirar. Tem de ser para melhoria, para evolução, para a verdadeira riqueza da alegria de nossos sonhos. Se os sonhos se vão, qualquer milionário se torna pobre e vazio. Aliás, a riqueza seria um sinônimo de inspiração? Não! Quase todos concordam que dinheiro não traz felicidade, então, como poderia inspirar? A riqueza, sem dúvida, é um facilitador de recursos do dia a dia por meio do qual se pode potencializar sonhos. Mas ela não é um fim, apenas um meio. Não há nenhum problema em ter dinheiro. Ele é bom, mas o amor ao dinheiro que é a raiz de todos os males... Essa é outra conversa, quem sabe para outro livro.

O que quero dizer aqui é que há pessoas que só se sentirão felizes se viverem no "maravilhoso mundo Disney", enquanto outras são felizes vivendo numa favela. Tem gente que precisa andar num carro de luxo com motorista para se sentir bem-sucedida. E tem gente que só tem de ouvir de seu filho um "te amo, papai" para se sentir realizado. No meio disso tudo, pergunto: afinal, o que é sucesso? Sucesso é um sentimento, e você pode vivê-lo todos os dias. Além de ser medido pelo que possuímos, sucesso é um estado de espírito que nos conduz a níveis elevados de satisfação e felicidade. Já dizia certo sábio: "As três piores coisas do mundo: sol na cabeça, chuva no corpo e sapato furado; as três melhores coisas do mundo: sol

> **TUDO ESTÁ AO NOSSO ALCANCE, MAS É PRECISO FILTRAR O QUE DE FATO SEJA BOM, SIGNIFIQUE SUCESSO E SEJA DE VALOR PARA MIM E PARA AS PESSOAS AO MEU REDOR.**

na cabeça, chuva no corpo e chocolate". É bem certo que ninguém gosta de um sapato furado, que, além do incômodo e do visual nada agradável, possibilita o risco de pisar em um prego desprotegido, por exemplo. Já que com certeza não há muitas pessoas que não gostem de chocolate – não é à toa que o doce, além dos setores específicos por departamento nos mercados, fica espalhado em pontos estratégicos. Essas duas coisas praticamente não se discutem. Todavia, por que as demais situações estão tanto no grupo das piores coisas do mundo quanto no das melhores? Porque depende do seu estado de espírito. O sol pode incomodar, irritar, queimar, ou pode ser agradável, bronzear, levar a curtir o brilho do dia. Depois de um longo período de chuvas, quem não anseia por um dia ensolarado? De semelhante modo a chuva pode incomodar, dificultar a locomoção ou pode refrescar seu dia e regar a terra para produzir flores e alimento. Tudo depende de seu estado de espírito, para o bem ou para o mal. Lembram-se da questão do copo meio cheio ou meio vazio? A maneira de ver as coisas também determina a de inspirar.

A inspiração vem pelo estilo de vida que se leva, pelo exemplo, pela postura, pelos ensinamentos, pela superação etc. É possível ser um gari e inspirar alguém, ou ser um megaempresário e não inspirar ninguém. Claro que não estou fazendo nenhuma apologia a uma vida limitada profissionalmente. Creio que Deus quer que tenhamos uma vida abundante e devemos caminhar nessa direção. Mas a jornada deve ser inspiradora. Não importa o cargo que esteja ocupando ou a função que esteja executando, a pergunta é: você inspira alguém? Se eu fizesse essa pergunta a dez pessoas que trabalham com você ou que são de seu convívio, será que a resposta o caracterizaria como uma pessoa que inspira? Se eu pedisse para citarem suas três maiores virtudes e seus três maiores defeitos, como seriam as respostas?

> **NÃO IMPORTA O CARGO QUE ESTEJA OCUPANDO OU A FUNÇÃO QUE ESTEJA EXECUTANDO, A PERGUNTA É: VOCÊ INSPIRA?**

Muitos acreditam que para inspirar alguém é preciso ter muito dinheiro, ser um diretor-geral, um pastor-presidente, um arcebispo ou uma personalidade de destaque social, mas, na verdade, todo mundo pode inspirar pessoas. Muitos acreditam que, para ser líder, é preciso ter a promoção "x" ou o cargo "y". Essa visão é contrária à natureza do crescimento. Liderança não é cargo, é posicionamento. Quando nos posicionamos como líderes, sabemos servir. Somos excelentes no que fazemos e o crescimento acontecerá em questão de tempo, de acordo com nossa constância, claro. Vejam o exemplo do grande líder Jesus. Ele sabia quem era e estava ciente de sua alta posição, mas serviu a todos com humildade. Certa vez, lavou os pés de seus discípulos, dando um grande exemplo a ser seguido. Isso foi surreal! Que inspirador! Deu o maior exemplo não com palavras, mas com ações virtuosas.

Muitas pessoas ambicionam apenas o ter, mas não querem ser, a fim de fazerem valer a pena cada conquista, cada degrau acima. Quer ter o melhor? Seja o melhor! Hoje, já realizei alguns sonhos (e tenho muitos ainda a conquistar). Mas, mesmo quando ainda não tinha nada, eu já buscava ser excelente em tudo que fazia. Sempre tive atitude de líder, fui observador e atento ao que me ensinavam e submisso à autoridade, pronto a atender à solicitação de um superior. Porque quem quer mandar tem de aprender a obedecer. Sempre cumpri tudo o que tinha de ser feito e, muitas vezes, fiz além do que foi pedido. Nunca fiz trabalho malfeito. Cada vez mais tenho dito em minhas palestras: "Vamos crescer! Com você ou com outras pessoas, mas vamos". Quer fazer parte de um time vencedor? Então, seja um líder inspirador! Não perca o brilho no olhar. Um carro pode ter um motor potente e ser confortável, mas, se estiver sem brilho, não atrai. Muitos se perdem no meio do caminho. Dizem que já são mestre e senhor, para que lavar os pés? E se esqueceram dos fundamentos, dos princípios básicos que os faziam potenciais líderes inspiradores. Concentraram-se apenas no ter e abandonaram o ser. Abandonaram o primeiro amor. Perderam a paixão, a chama que arde no peito, o brilho no olhar.

Uma história de fracasso não inspira ninguém. Conformidade não inspira ninguém. A chama o manterá aceso em tudo que fizer. Antes de ter metas, tenha a chama. Antes de sonhar, tenha a chama. Antes de sair de casa, tenha a chama. Aqueles que têm a chama ardendo no peito inspiram os outros com naturalidade. Você sabe o que é arder? Quando algo arde em sua pele, sua natureza se mexe, pula, se agita. E é assim que tem de ser com sua paixão: uma chama ardendo no peito que o faz ficar vivo, inspirando por onde passa, contagiando pessoas e impactando multidões. Entenda que as pessoas não seguem você, mas o que você vive! Não seguem você. Seguem o que arde em seu peito.

Quando a chama arde, é possível começar em um canto de uma quitinete e com pequenas probabilidades de vitória e nada disso será um obstáculo. Sua alegria, seu brilho, sua determinação, sua coragem, seu preparo e sua atitude serão regidos pela chama.

- Quem está inspirado perde a noção do dia e da noite.
- Quem está inspirado não mede esforços.
- Quem está inspirado contagia todos ao seu redor.

LIDERANÇA NÃO É CARGO, É POSICIONAMENTO.

- Quem está inspirado tem brilho no olhar.
- Quem está inspirado tem poder nas palavras.
- Quem está inspirado realiza sonhos.

Não espere multidões para ter a chama. Tenha a chama e as multidões virão. O sucesso nasce primeiro dentro de você.

O PODER DA AUTODISCIPLINA

Os disciplinados em sua missão sempre vão gerar mais resultados. Com certeza, você já observou um atleta ou um soldado. Virtudes como perseverança, sacrifício e disciplina são inerentes a esses personagens. Ao ver um recordista se destacando, pode ter certeza de que ele treinou muito e repetiu várias vezes seus movimentos até chegar à perfeição. Daí a frase "a prática leva à perfeição". Se o atleta não se empenhar ao máximo, ele não conquistará o prêmio final. E no caso de um soldado, ainda há um agravante: não ser disciplinado e constante em sua missão poderá custar-lhe a própria vida. Um personagem extremamente abnegado que vivenciou e falou muito sobre isso foi o apóstolo Paulo. Ele ensinou que um atleta se submete a um treinamento rigoroso e às regras para alcançar um prêmio, e que o bom soldado renuncia a muitas regalias pessoais a fim de agradar àquele que o alistou para uma batalha.

Captou a mensagem? Correr, treinar, sacrifício, renúncia e obediência às regras! Mas alguém dirá: "Ah, não consigo me disciplinar. Quando vejo, a semana, o mês, o ano passou e não produzi nada para que minha liderança se torne inspiradora". Gerencie seu tempo. Desfaça-se do que é desnecessário (um atleta não pode vencer uma maratona com uma mochila de 15 kg nas costas). Veja o que é possível delegar, ou seja, aquilo que não depende de você, pessoalmente, para acontecer. E reorganize-se para equalizar o que sempre está sendo urgência, a fim de que, no momento certo, você faça o que é importante. Pois, se você focar no que é importante, as urgências serão raras.

Disciplina é muito mais do que ter motivação. Muitas vezes, precisamos fazer não o que queremos

> **MOTIVAÇÃO É COMBUSTÍVEL DE ALGO DIRECIONADO, PORÉM O PILOTO QUE O LEVA AO SEU OBJETIVO É A DISCIPLINA.**

ou gostamos, mas o que deve ser feito. Pensa que gosto de academia? Não! Mas preciso me exercitar a fim de melhorar o condicionamento físico e a saúde. Talvez você até seja motivado, mas não consegue alcançar suas metas por falta de disciplina. Motivação é combustível de algo direcionado, porém o piloto que o leva ao seu objetivo é a disciplina. Quantos colocam várias metas no início de ano, como fazer um novo curso, correr uma maratona, emagrecer etc., mas param no meio do caminho? Motivação desagregada de disciplina resultará em fracasso. A disciplina, sim, faz bater metas. Disciplina é a capacidade de se manter focado nas tarefas para a concretização de suas metas sem se desviar. E aí, sim, sem perder a motivação. A pessoa que apresenta um desempenho contrário à excelência, com certeza se manteve desfocada no seu objetivo principal, e seu resultado será medíocre, pois não focou no que precisava mesmo ser executado. Houve um general de guerra chamado Josué, que tinha de conduzir um povo à conquista de um enorme território. Umas das orientações para o sucesso daquele empreendimento foi que não deveriam se desviar das instruções, nem para a direita, nem para a esquerda. Distrações, tentações e adversidades viriam para tirá-lo do foco, desviá-lo do alvo, fazê-lo desistir e voltar atrás. Mas Josué estava resoluto. E em quarenta anos de batalhas constantes, um povo que havia sido escravo no Egito tomou posse de sua terra prometida e está lá até hoje para comprovar essa história de sucesso.

LÍDERES QUE FORMAM SEGUIDORES E LÍDERES QUE FORMAM OUTROS LÍDERES

Inspirar não necessariamente significa uma ação de seu liderado, mas é sinal de que ele encontrou uma referência. Inspirar é o primeiro passo. Saiba que poucos conseguem, mas isso não é o suficiente para ter um time extraordinário. Pessoas buscam, consciente ou inconscientemente, por referências. Ter alguém em quem se inspirar é algo fantástico e importante. Mas será que isso forma outro líder ou apenas um seguidor?

Falamos desde o início da importância de montar um time de heróis. Certa vez, eu estava em uma reunião, num hotel em Copacabana, com líderes de uma empresa da qual fazia parte. Na época, eu era um diretor novato de duas unidades. Havia umas trinta pessoas na sala e, dessas, sete eram diretores como eu. Foram dois dias inteiros de reuniões, iniciando pela manhã e estendendo-se até noite. A pauta da reunião era estruturar a empresa para uma expansão. Foram horas e mais horas com assuntos técnicos (que também são importantes), regras e burocracias, líderes omitindo informações etc. Muita vaidade em uma reunião em que o foco era a expansão. Seria possível crescer assim? Se todos faziam parte da mesma marca, havia sentido em não compartilhar as virtudes?

Onde existe vaidade não há crescimento sustentável. A soberba é um reflexo da insegurança. E nesse clima, dificilmente as coisas prosperam. Observando a reunião e o real motivo daquela pauta, fiquei pensando em como poderia contribuir, acima de tudo, para gerar uma direção de fato para o crescimento e a expansão. Foi quando rascunhei no papel algumas coisas e pedi cinco minutos da palavra. O conteúdo falava sobre como ter um crescimento explosivo. Pontuei que não via nenhum investimento ou cuidado em desenvolver novos líderes. E, sem líderes, como uma empresa cresce? Líderes que juntam seguidores, entretanto, não investem seu tempo em treinamento de pessoas, costumam ser imediatistas. Em geral, as realizações que valem a pena são demoradas. Não existe esse negócio de poder instantâneo ou maturidade imediata. Tecnologia, aplicativos, sistemas, tudo isso pode ser desenvolvido e aplicado de maneira rápida, mas com pessoas não é assim. É necessário investir tempo. A liderança se desenvolve no cotidiano, e não de um dia para o outro. Líderes que preparam líderes investem seu tempo porque amam o que fazem. A paixão é o que distingue o extraordinário do comum. O mundo pertencerá a líderes resolutos e movidos pela emoção.

E continuei falando... Algumas das pessoas que desejam ser líderes e querem ter seguidores buscam alimentar seus egos. Sentem-se indispensáveis. Quando a motivação é errada, o resultado é sem valor. Os líderes que preparam líderes tornam-se a si mesmos dispensáveis. Querem mais do que seguidores, querem formar líderes. Que tipo de liderança deixaria todo mundo para trás e seguiria sozinha sua jornada? Só a egoísta. Os bons líderes levam outros consigo para o topo. Promover a ascensão alheia é requisito fundamental para

> **PROMOVER A ASCENSÃO ALHEIA É REQUISITO FUNDAMENTAL PARA A LIDERANÇA EFICAZ.**

a liderança eficaz. Isso é bem difícil quando o líder desconhece as necessidades dos liderados e não tem ideia dos sonhos que eles desejam realizar.

Acreditar nas pessoas não significa que elas não vão errar! Para multiplicar, precisamos:

- Ganhar as pessoas (isso exige credibilidade).
- Consolidar (isso exige exemplos) – as pessoas podem ensinar o que sabem, mas refletem o que são.
- Treinar (isso exige estrutura, valores, princípios, treinamento de liderança etc.).
- Enviar (significa que alguém está pronto para colocar em prática).

No meio daquela reunião, eu observei que a maneira de muitos liderarem era colocar foco na fraqueza das pessoas, e expliquei que, no meu ponto de vista, o segredo era preparar líderes valorizando as virtudes e a fortaleza. Há tipos de liderança que apontam as fraquezas de seus seguidores. Isso é diferente de corrigir falhas e orientar. Esses líderes apontam fraquezas por não compreender como é que se desenvolve e se encoraja para o trabalho; outras vezes, por insegurança, mantêm seus seguidores despreparados e isolados. Por outro lado, líderes fortes destacam as virtudes, pois esse é o segredo para o crescimento.

Um líder inspirador nunca deve se colocar acima daqueles que o seguem, a não ser quando se trata de assumir responsabilidades. Se você deseja ser o melhor líder, não permita que a insegurança, a mesquinhez ou o ciúme o impeçam de ajudar outras pessoas. O autoritarismo na liderança passa uma ideia de "eu que mando, me obedeçam, eu sou superior". Isso gera uma barreira entre líder e liderados, que se sentem diminuídos. Quem promove crescimento explosivo investe naquilo que seus líderes têm de melhor. Também investe de preferência nos líderes mais promissores. Em primeiro lugar, aposta seus funcionários, o maior patrimônio. Potencializar vidas é trazer uma visão que a própria pessoa não sabia que poderia alcançar.

Outro ponto muito importante é que grandes líderes preparam líderes visualizando necessidades futuras com clareza, enquanto os que juntam seguidores focam em necessidades imediatas. Qualquer líder ou pessoa na linha de frente tem a capacidade de conhecer as necessidades imediatas; no entanto, apenas líderes inspiradores preparam líderes visualizando sonhos maiores e planejando as metas para atingir os objetivos. Líderes que não projetam o futuro vivem no presente, apagando incêndio, dando prioridade às coisas urgentes. Certamente, o urgente surgiu por não ter havido ação quando isso era importante.

Líderes que juntam seguidores não pretendem promover pessoas a cargos de igual importância ou superior aos deles. Portanto, exigem trabalho atrás de trabalho, sem se preocupar com o nível de satisfação, expectativa e crescimento. Já os líderes que preparam líderes exigem total

> **LÍDERES QUE NÃO PROJETAM O FUTURO VIVEM NO PRESENTE, APAGANDO INCÊNDIO, DANDO PRIORIDADE ÀS COISAS URGENTES. CERTAMENTE, O URGENTE SURGIU POR NÃO TER HAVIDO AÇÃO QUANDO ISSO ERA IMPORTANTE.**

comprometimento, pois a fidelidade no pouco resultará na fidelidade no muito. Preparam para as situações difíceis e informam os sacrifícios e todo o trabalho que virão com a liderança.

Líderes que preparam novos líderes não se preocupam apenas com essa geração, mas focam em deixar um legado às pessoas que transformarão gerações futuras. Certa vez, ouvi falar da diferença entre herança e legado. Acredito que tenha total conexão com a diferença de líderes que têm seguidores e líderes que preparam líderes. Herança se deixa *para* as pessoas, legado se deixa *nas* pessoas.

Alguém que consegue reunir seguidores a sua volta é um líder comum, mas um grande líder é capaz de liderar outros líderes; e esse é o único tipo que pode levar uma organização ao topo e promover um crescimento explosivo. Existem várias coisas que o dinheiro pode comprar ou que qualquer concorrente pode imitar, como tecnologia, vídeos, marketing, estrutura etc, mas pessoas comprometidas e grandes líderes só podem ser gerados por meio de fidelidade, verdade e visão implantada por outro líder. E, nesses casos, o dinheiro é apenas um detalhe.

Para inspirar vidas, é necessário ter uma história verdadeira de lutas e conquistas. Depois de inspirar, a segunda etapa é *ensinar*, pois inspirar não é o suficiente para formar novos líderes, é apenas o primeiro passo. Ensinar é o alicerce para deixar um legado. E depois que se inspira e ensina, tudo o que fizer é *transformado* de maneira positiva e crescente.

Ah, sobre a reunião: todos os presentes concordaram, aplaudiram e desejaram implantar treinamentos para liderança em suas unidades – exceto um, mas essa é uma longa história que contarei em outro livro.

COMO ENSINAR SENSIBILIDADE?

Há muitos líderes que parecem máquinas, cheios de fórmulas, métodos e técnicas, mas não têm a sensibilidade humana para inspirar, ensinar a transformar as pessoas ao redor. Isso vai diferenciar líderes que formam discípulos inspiradores dos que estão apenas cercados por robôs, ou, pior ainda, por bajuladores medíocres! Um dia, me perguntaram se eu acredito que as máquinas vão substituir as pessoas em tudo. Minha resposta foi: absolutamente não! Apenas os seres humanos têm a sensibilidade para diferenciar regras de exceções e sentir a tristeza no outro, mesmo que este esteja sorrindo. É certo que a tecnologia estará cada vez mais presente em nosso dia a dia. Desde um simples celular ao nosso lado 24 horas às máquinas poderosas de produção em grande escala.[7] A inteligência artificial vem avançando e já consegue "tomar decisões" com programações baseadas nas estatísticas das respostas humanas. Carros pilotam sem motoristas e, segundo estudos aprofundados em enquetes, reagem a situações de risco no trânsito.[8] Mas dificilmente uma máquina terá a percepção de um motorista humano. Numa pesquisa realizada na Europa milhares de pessoas responderam sobre reações no trânsito; uma das perguntas indagava: se em uma estrada aparecesse um pequeno animal no meio do caminho e o carro estivesse em uma velocidade alta, o motorista desviaria? A maioria respondeu que não. A mesma pergunta, apenas mudando o elemento animal por criança, fez com que a maioria dissesse que arriscaria mudar o trajeto do veículo, tentando desviar da criança. Mediante essas respostas e mais outras

---

[7] "Internet das Coisas: o que é e qual sua relação com a Indústria 4.0?" *Voitto*. Disponível em: <https://www.voitto.com.br/blog/artigo/internet-das-coisas>. Acesso em: 21 maio 2019.

[8] "Boeing testa seu primeiro 'carro voador' sem pilotos para passageiros." *O globo*. Disponível em: <https://oglobo.globo.com/economia/boeing-testa-seu-primeiro-carro-voador-sem-pilotos-para-passageiros-23395221>. Acesso em: 21 maio 2019.

centenas, o computador de carros futuros e sensores poderosos já será capaz de reagir o mais próximo possível de uma decisão humana. Fascinante, não é? E isso é apenas uma das infinitas possibilidades que o futuro nos trará. Com isso, as máquinas dominarão o planeta! Será?

Então, me diga, como ensinar sensibilidade à máquina? A principal resposta seria: Inteligência Artificial, a simulação da cognição humana. Mas como gerar complexidade de emoções, sensações, raciocínio lógico, percepção, sensibilidade da vida em uma máquina? Quanto mais as máquinas avançarem, mais as pessoas necessitarão do lado humano.[9] Entenda que o ser humano não mudou. Ele possui sentimentos, emoções, expectativas, desejos, necessidades, anseios etc. A máquina não tem coração, não é uma vida. Nunca será. Empresas, governos, igrejas etc. precisam de pessoas. Elas que movem, criam, programam, inspiram, dão VIDA.

O maior dom da liderança se chama sensibilidade. Isso, a máquina nunca vai copiar. Líderes sensíveis fazem coisas extraordinárias. Conseguem tocar o coração das pessoas e extrair o melhor de cada uma. Corrigem as fraquezas e potencializam as virtudes. Nunca se coloque como superior. A sensibilidade é um somatório de detalhes. Se necessário, sente com um liderado no meio-fio da calçada para comer um churrasquinho. Mas ele só se abrirá com você se enxergar alguém que:

- Inspire com sua vida – palavras condizentes com suas ações.
- Demonstre humildade natural – ele sabe que você tem uma posição superior, mas vê o cuidado sincero de querer agradá-lo.
- Vir em você alguém capaz de dar um direcionamento e ensinamento.

---

[9] "Robôs autônomos: qual sua importância dentro da Indústria 4.0?" *Voitto*. Disponível em: <https://www.voitto.com.br/blog/artigo/robos-autonomos>. Acesso em: 21 maio 2019.

HEROÍNA NEELIE, A INSPIRADORA

Nesse momento, estou voltando de uma viagem com funcionários que ganharam uma premiação. Amo estar com eles. Isso me alimenta e me dá a direção de como gerar crescimento promovendo pessoas. Em uma conversa com um funcionário, descobri que, mesmo ainda jovem, ele já tinha vivido experiências fantásticas. Algumas eram tristes, mas o poder de superação era admirável. Todo ser humano tem uma história. Uns foram criados com os dois pais, outros com apenas um deles ou até sem nenhum. Alguns tiveram uma adolescência tranquila, e outros passaram por dificuldades e traumas. Alguns já são casados, outros, solteiros. Há também os separados e os viúvos. Alguns com filhos, outros sem. Cada um traz em sua formação frutos de tudo que viveu até aquele momento.

E nesse momento você está diante dessa pessoa. Isso é uma oportunidade incrível! Que tal transformar a vida dela? Todos podemos avançar muito mais. Seus liderados também. Imagine quanto serão gratos a você pelo resto da vida! Eles não farão as coisas pela empresa, pela marca, pela igreja, apenas, mas por gratidão a você e por comprar a ideia de uma missão maior.

Só existe um detalhe nisso tudo: não invista em ingratos. Ingratos serão sempre infelizes e reclamarão de tudo. Alegam que o problema é tudo ao redor deles, mas, na verdade, o problema são eles. Tanto nas viagens quanto no dia a dia, observe o nível de gratidão das pessoas de sua equipe. Essa é uma grande peça para o sucesso. Uma equipe grata produz muito mais e gera um ambiente próspero.

A verdade é que um líder com sensibilidade saberá conduzir e dosar todos esses elementos. Isso, as máquinas nunca conseguirão. Nada substitui um sorriso, um abraço, uma palavra de esperança na hora de um choro, o amor.

O PODER DA SUPERAÇÃO

Muitas vezes, lutas e competições são vencidas não pelo ataque direto, mas pela estratégia do contra-ataque. Não importa quanto você saiba bater, mas quanto resiste apanhar. A vida pode derrubá-lo várias vezes, mas levante-se e continue lutando! Você já ouviu falar de resiliência? Dizemos que um corpo é resiliente se possui a propriedade de retornar à forma original depois de ter sido submetido a uma deformação elástica. Em nossa abordagem, isso seria o poder de superar cada adversidade, cada obstáculo, cada desafio.

Uma liderança inspiradora exige garra! Quem desiste facilmente de tudo não alcança nada, será sempre cauda e nunca cabeça. A constância sempre vence. Quem aceita derrota e não se revolta não sabe o que é brio! Já ouviu falar sobre isso? Trata-se de disposição, energia, vivacidade. Quando parece que o corredor vai desistir, mas ele ainda consegue dar uma última arrancada para cruzar a linha de chegada. Quando parece que o time vai perder, mas consegue força para um contra-ataque e vira o jogo. Pois é, isso é brio, um sentimento de vencedor, daquele que quer crescer e contribuir para que outros cresçam. Desistência não tem nada a ver com garra nem brio. No oposto da zona de acomodação está o desejo de revolucionar tudo. O brio faz com que as pessoas tragam a motivação de dentro e gerem no brilho do olhar tudo o que podem conquistar. E conquistam!

Brio também significa bravura, coragem. O filósofo Plutarco disse: "Um exército de cervos comandado por um leão é mais temível que um exército de leões comandado por um cervo".[10] Tem gente que tem tudo às mãos: talento, recursos, capacitação, mas não tem coragem para enfrentar seus gigantes, seus

---

[10] Plutarco ou Lucius Mestrius Plutarchus (nome que adotou ao se tornar cidadão romano) foi um historiador, biógrafo, ensaísta e filósofo platônico grego, conhecido principalmente por suas obras *Vidas paralelas* e *Moralia*.

medos, seus traumas e suas derrotas. Muitos não sabem se portar como um líder inspirador em meio ao caos. Repito: um líder incongruente nunca será inspirador! Suas ações precisam ser condizentes com suas palavras e sua posição.

PIRA OU INSPIRA: E NO MEIO DO CAOS?

Talvez agora você esteja se perguntando como fazer no momento em que tudo está indo mal e todos o estão observando. Bem, na prática não muda muita coisa, o líder é quem conduzirá à vitória. Assuma o comando. Agora, imagine-se entrando num avião para um longo voo. Você se acomoda em seu assento e segue todas as orientações da cabine do piloto ou da comissária de bordo. De repente, o avião passa por uma forte turbulência. E você vê a comissária com uma cara assustada. Logo depois, ouve pelo comunicador o piloto falando meio desesperado em vez de acalmar os passageiros. Então, percebe toda a tripulação em pânico! Qual é o seu primeiro pensamento? *Se os líderes estão assim, o avião deve cair!* Como ficaria nesse momento? O que passaria na sua cabeça? A tripulação é uma equipe treinada para gerenciar crises e não costuma falhar nesse quesito. Se esse time entrar em pânico, todos o seguirão. Pois bem, na liderança empresarial é exatamente igual: as pessoas sempre vão olhar para você, em especial nos momentos de turbulência. O fato é que muitos líderes se desesperam junto com o time, assim como a comissária. O equilíbrio emocional, o preparo e a certeza da vitória são fundamentais nesses momentos. No meio do caos, o líder precisa manter a postura e continuar pilotando a aeronave. Você inspira muito mais quando se sobressai nos momentos de crise que nos momentos de tranquilidade.

As adversidades levam alguns a se quebrarem, outros a quebrarem recordes. Como você se comporta em meio a uma adversidade? Os maiores vencedores

> **NO MEIO DO CAOS, O LÍDER PRECISA MANTER A POSTURA E CONTINUAR PILOTANDO A AERONAVE. VOCÊ INSPIRA MUITO MAIS QUANDO SE SOBRESSAI NOS MOMENTOS DE CRISE QUE NOS MOMENTOS DE TRANQUILIDADE.**

deste planeta entenderam o poder da superação. Não existe nada de ruim que não possa ser vencido. A prova vem para você ser aprovado e avançar, e não ser reprovado e ficar para trás. Deus nos dá oportunidades para superarmos problemas para inspirar vidas a conquistarem mais. Líderes inspiradores usam as adversidades a seu favor. Enquanto um líder apático encontra um caos em cada adversidade, um líder inspirador encontra uma oportunidade em meio ao caos. Afinal de contas, brio também significa sentimento de honra, dignidade, valor. Como valorizamos a postura do líder em meio ao caos! Saber como e quando agir, mas sempre de maneira honrosa, íntegra e próspera. Repito: não adianta inspirar por inspirar, temos que gerar algo bom nas pessoas ao redor.

O PODER DA CELEBRAÇÃO

Lidere de maneira divertida e emocionante, impactando vidas, e produza resultados extraordinários. O sorriso pode até não estar sempre em seu rosto, porém, se você transborda alegria, é um líder inspirador. Tristeza é o maior gatilho para o cansaço. E o cansaço é o primeiro passo para a desistência. Desistir é abandonar os próprios sonhos. Uma pessoa sem sonho é alguém sem alma, vazia. Então, seja cheio de regozijo, alegre-se e celebre sempre!

Qual a importância da celebração? Ela estimula criatividade e produz um clima organizacional apaixonante. Pergunte a um artista plástico ou a um compositor musical sobre como surgiu sua obra de arte, e certamente ele contará que uma pessoa ou algo inspirador estimulou sua capacidade criativa. Em Gênesis, a origem de todas as coisas, vemos o Criador formando os céus e a Terra. Ao final de cada dia em que Deus criava, cada detalhe (plantas, animais, luminares etc.) é registrado: "E viu Deus que era bom". A cada coisa que Ele criava, Ele celebrava! Celebração gera criatividade para o dia seguinte.

Saiba que há uma estreita conexão entre celebração e gratidão. Pessoas ingratas nunca encontrarão motivos para celebrar. A cada manhã, temos a oportunidade de agradecer pelo simples fato de acordar, abrir os olhos, pelo ar que respiramos. Agradecer pelas conquistas passadas e pelas que ainda estão por vir. Gratidão é o princípio do sucesso. Quando somos gratos, nossa vida inspira, transpira e transborda.

Podemos ter uma vida abundante em todas as áreas. Quando nosso coração está na direção certa, tudo flui naturalmente. Até quando alguma coisa parece errada, é uma oportunidade que Deus nos dá para fazer algo muito maior. Certa vez, numa confraternização de fim de ano, escolhi um lugar lindo a céu aberto. No entanto, de repente, o tempo fechou e começou a chover muito. A equipe organizadora ficou um pouco aflita, mas eu disse a eles que tudo daria certo e que deveríamos continuar louvando e agradecendo! Então, um sentimento de gratidão e celebração tomou o coração de todos naquele ambiente. Foi maravilhoso!

> **CELEBRAÇÃO GERA CRIATIVIDADE PARA O DIA SEGUINTE.**

O PODER DAS PALAVRAS

Talvez você já tenha escutado sobre o poder das palavras. E nossa heroína Neelie, a inspiradora, sabe muito bem que a palavra "inspiração" tem seu sentido original advindo do latim, que significa "hálito", remetendo à boca. Isso tem tudo a ver com inspiração. Se, pela palavra, o Criador fez todas as coisas, imagine como a palavra do ser humano também tem poder. Um grande rei disse: "A língua tem poder sobre a vida e sobre a morte; os que gostam de usá-la comerão do seu fruto" (Provérbios 18:20-21). Às vezes, nos enganamos achando que colheremos apenas as ações que fazemos, mas também recebemos o fruto de nossas palavras. Já parou para pensar quais palavras saem espontaneamente de sua boca? Elas produzem vida ou morte? Se as pessoas tivessem real noção do poder das palavras, teriam muito mais cuidado ao falar.

Uma das coisas mais comuns que vejo são líderes (empresários, gerentes, gestores, líderes religiosos etc.) que dizem que sua equipe é um problema, que as pessoas são problemáticas, que não dá para confiar em ninguém... Alguns vão mais longe e declaram palavras e frases ainda mais fortes: "Essa equipe não presta"; "Tenho vontade de sumir!"; "Pessoas são um problema!" "Está tudo cada vez pior!"; "O dia hoje está um inferno"; "Não vamos conseguir!". E por aí vai. Talvez, ao ler essas frases, você tenha se lembrado de outras palavras mais negativas e pesadas. Quando refletimos e agimos com calma, entendemos que não deveríamos falar nada disso. O fato, porém, é que o que vale são as frases e as palavras que lançamos com espontaneidade. Isso tem poder, pois elas saem naturalmente do coração.

Há uma frase muito utilizada pela nossa heroína Neelie e que serve para qualquer situação do dia a dia: "Só vai melhorar!". Se alguém chega até ela apresentando um problema, ela ajuda a encontrar uma solução e diz que só vai melhorar. Se alguém chega e apresenta algo bom, ela também diz que só vai melhorar. Claro que agir como papagaio repetindo coisas sem pensar não tem o mesmo efeito. Mas falar crendo e declarando em voz alta é algo poderoso. Lançar palavras de vitória finca um clima organizacional positivo e clareia novas possibilidades.

O livro de que tanto gosto diz: "Está escrito: Cri, por isso falei" (2 Coríntios 4:13). Existem incontáveis reflexões como essa, que trazem sentido a esse conteúdo. Se você crê e não fala, será que crê? Costumo dizer que a pessoa que tem 99% de certeza/fé e 1% de dúvida, na verdade, ainda tem dúvida. Ou você acredita, ou não acredita. Não tem meio-termo. E não se trata apenas de falar do que está se vendo, apalpando. Quem declara só sobre o que se vê, é uma pessoa comum, mas quem declara sobre o que não vê é um visionário. Seria um louco? Louco, não sei, mas normal com certeza não é. Acreditar naquilo que não vemos e agir como se já existisse é algo inspirador.

No início da minha trajetória empresarial, eu tinha uma equipe de cerca de quarenta pessoas. A situação era bem limitante, inclusive a financeira, comparada com concorrentes da época, mas eu já dizia que teríamos um futuro brilhante, cresceríamos e promoveríamos pessoas, sairíamos nos maiores noticiários como destaque de excelência, abriríamos mais e mais empresas. Talvez, ler isso hoje possa parecer fácil, mas, na época, metade da minha equipe com certeza me achava louco, mas estava ali para ver no que daria, e a outra metade acreditava muito. A maioria dessa última metade está trabalhando e conquistando comigo até hoje. Eles viram tudo que declarávamos acontecer. E sempre falamos daquilo que cremos, independentemente das adversidades, das limitações e das barreiras. Acredito que os limites são desconhecidos e podemos nos tornar cada vez maior e melhor. Um líder inspirador tem a habilidade de comunicar sucesso.

SEJA UM LÍDER DE HERÓIS

Não basta apresentar resultados positivos, você precisa mostrar e enfatizar os ganhos para as pessoas do seu time. Crença é algo determinante para as pessoas agirem. Se elas não acreditam, tudo se torna mais difícil. A crença positiva ativa um potencial; o potencial vira uma ação; a ação gera resultados; e os resultados fortalecem a crença. Esse ciclo gera um ambiente de vencedor em seu time. Por isso, comunique sempre, desde as pequenas vitórias às gigantes. O ciclo do sucesso produz resultados extraordinários.

Em nossa relação social, infelizmente, há muitos murmuradores (e, porque também não dizer, incrédulos) entranhados em nossa empresa, família, igrejas etc. O murmurador não reclama só das coisas erradas ou ruins ao redor dele, mas do que os outros estão realizando e conquistando. Existem aqueles que fazem (os inspiradores), os que não fazem (os indisciplinados e os displicentes) e os que reclamam dos que fazem (os murmuradores). Escolha seu caminho! Você conhece algum murmurador? Consegue ficar muito tempo ao lado dele? Espero que não! Cuidado com a murmuração: o primeiro grande perigo dessa erva daninha é que murmurar é a mesma coisa que dizer para Deus que Ele é insuficiente em sua vida. Que fez tudo errado. Que foi incapaz de criar um mundo perfeito. Que Deus não quer que você seja feliz ou tenha sucesso.

Um líder inspirador traz riquezas valorosas em seu interior, que transbordam e inspiram vida e graça abundantes aos demais membros da equipe. Guarde em seu íntimo o ensinamento do mestre, porque a boca fala do que está cheio o coração. O que existe dentro de você que inspira as outras pessoas? E mais uma vez lhe pergunto: quais palavras têm saído da sua boca? Quais têm saído da boca da sua equipe? Saiba que aquilo que você declarar com convicção acontecerá. Gere vida, inspire pessoas, transforme situações, supere barreiras e construa um legado.

CAPÍTULO 6

O GESTOR

HERÓI
OVERLOAD

AS CARACTERÍSTICAS DO GESTOR

É início de mês. Overload convoca todos os heróis para uma reunião. Chegou a hora de conferir aqueles que falam e não fazem e os que de fato fazem. Analisar aqueles que estão dando resultados e os que precisam melhorar. Verificar se o termômetro cultural está condizente com o propósito e a missão. Nosso herói Overload é especialista em gerenciar informações relevantes e criar planos de ações para atingir a máxima performance. Ele é ágil, centrado, objetivo e elétrico quando o assunto é inovação. É um estrategista. Por meio da excelência em gestão, cria as melhores estratégias, que beneficiam todo o time.

Gestão de excelência é resultado, o resto é purpurina – não foram poucas as vezes que falei essa frase. O início dela reflete o somatório de detalhes de uma gestão que gera resultado, que vai de acompanhamento dos números e métricas a ações e inspirações. Já a segunda parte da frase mostra o que acontece com muitos líderes e colaboradores: falam muito, fazem barulho, aparecem, mas não geram resultados.

Neste capítulo, vamos falar do complemento fundamental de um líder: gerenciar processos. Por muitos líderes terem perfis dominantes, serem influentes e impacientes, um erro muito comum é o descuido em não terem, ou não usarem, métricas, informações, relatórios, controle, sistemas etc. No entanto, analise comigo: se, ao tomar uma atitude usando métricas, existe a possibilidade de erros naturais, imagine sem análise? Por exemplo, como distinguir entre um bom e um mau vendedor sem estudar a quantidade de clientes atendidos e as vendas efetivadas por cada um? Pois é, mas, na prática, esse é um erro bastante comum nos líderes. Se você não é a pessoa que faz bem essa função, precisará com certeza de um herói especializado nessa área para levar informações precisas, de modo que suas decisões sejam mais assertivas. E o Overload é o cara! Além disso, as métricas ajudarão a analisar a saúde da sua empresa e/ou se a cultura está fortalecida. Também falaremos sobre algo muito poderoso: a cultura.

DETALHES: A RIQUEZA INVISÍVEL PARA MUITOS

Você já observou um violão? É um instrumento de cordas dedilháveis com caixa de ressonância, em formato semelhante a um oito, com seis cordas de diferentes materiais. Agora, imagine que eu mostro dois violões, levantando cada um em uma mão: um deles custa 500 reais e o outro, 25 mil reais. Você conseguiria enxergar a diferença? A verdade é que, ao olhar rapidamente, não é possível ver diferença, mas quando você pega o violão de 25 mil reais e olha a madeira, as cordas, o som, o acabamento, o brilho, você entende que a riqueza de detalhes traz o valor desse violão.

O valor de tudo está nos detalhes, de um relacionamento a uma gestão de negócios. Ao olhar rapidamente um carro sedan de 70 mil reais e um de 400 mil reais, podemos achar que é a mesma coisa, mas quando entrarmos num carro mais caro e observarmos o acabamento, o toque no volante, o motor, os faróis, o painel, passamos a perceber seu verdadeiro valor. São detalhes que fazem a diferença.

O que quero mostrar aqui não é valorizar o que é mais caro, mas ressaltar como se gera mais valor. Não confunda, pois preço e produto dependem do nicho de mercado, do tipo de público que se deseja, entre outros aspectos.

Qual valor que as pessoas veem em você? E na sua marca? E em sua gestão?

Não existe entender o valor sem observar ou experimentar detalhes. Olhando rapidamente, duas empresas podem ser parecidas, duas pessoas podem ser parecidas e por aí vai; mas quando observamos os detalhes, podemos perceber a riqueza que gera valor, ou nos afastarmos por ver características abaixo de nossas expectativas.

Será que uma Ferrari de milhões é cara? Aqueles que a têm com certeza dirão que não. Talvez no momento você não possa comprar ou prefira investir em outras coisas, mas uma Ferrari vale aquilo que nela há e a experiência que carrega.

Talvez você se pergunte por que estou falando isso num capítulo sobre gestão. Sempre digo na minha empresa que não existe concorrência e que não estou preocupado com ela. Claro que a diretoria estratégica precisa estar atenta sempre, mas, em suma, acredito firmemente que a maior concorrência de qualquer empresa sempre vai ser feita por funcionários mal treinados e pela falta de gestão. Entender isso é uma virada de chave poderosa: para que se preocupar com algum concorrente se podemos melhorar cada vez mais na qualidade e na precisão dos sistemas e no treinamento das funções de acordo com a missão da empresa? O que vai revelar a real situação de sua liderança é o resultado que você gera. E para que esses resultados permaneçam ou cresçam, é necessário

> **A MAIOR CONCORRÊNCIA DE QUALQUER EMPRESA SEMPRE VAI SER FEITA POR FUNCIONÁRIOS MAL TREINADOS E PELA FALTA DE GESTÃO. ENTENDER ISSO É UMA VIRADA DE CHAVE PODEROSA.**

haver informações, métricas, pesquisas, inovação, posicionamento estratégico e uma forte cultura. E tudo isso só se consegue com a análise na riqueza dos detalhes.

Com frequência, sou abordado, pelas redes sociais ou pessoalmente, com apresentações de negócios ou por pessoas empolgadas que querem ser promovidas nos seus empregos, com discursos iniciais recheados de propósitos, vontades, sonhos e às vezes alegando ser a vontade de Deus. Veja bem, não é que isso esteja errado, mas, na grande maioria das vezes, o desejo é maior que o preparo. Se existe um desequilíbrio, o resultado é a frustração. Propósito sem preparo não gera resultado. Propósito mais preparo gera crescimento. Vamos falar um pouco sobre diferenças entre estar preparado e não estar e, em seguida, mergulhar na importância dos detalhes de uma gestão de excelência.

PREPARO *VERSUS* DESPREPARO – DE QUE LADO VOCÊ ESTÁ?

Certa vez, um funcionário, que tinha entre três e quatro anos no setor comercial da empresa, me abordou e começou a indagar por que não era promovido. Então, me falou do tempo que já trabalhava conosco, das pessoas que entraram na empresa depois dele e já haviam crescido na área

HERÓI OVERLOAD, O GESTOR

delas, de sua pontualidade e sua assiduidade. Fui ouvindo tudo o que ele dizia. Também falou que era um funcionário fiel e que amava a empresa, que tinha bons resultados em sua área de atuação. E, de fato, tudo o que ele falava era verdade. Ele era um bom funcionário. Na minha vez de falar, lhe fiz algumas perguntas: quantos livros ele havia lido naquele ano sobre a área comercial? Ele respondeu que não tinha lido nenhum livro – e já estávamos entre outubro e novembro daquele ano! Então, perguntei a ele se tinha lido algum no ano anterior. A resposta também foi negativa. Quantos cursos para aprimorar sua função? Mais um não. Nenhum investimento em treinamento pessoal? Nada! Ainda perguntei quantas pessoas ele havia treinado e preparado para assumirem a função dele, visando a um dia ser promovido sem prejuízo no setor. E ele só me respondia que tinha bons números. E por fim, perguntei: quantos recordes havia batido? O que havia feito a mais do habitual, de maneira que chamasse atenção das pessoas ao redor? Quais pessoas ele influenciava de maneira impactante, trazendo crescimento progressivo a todos os demais? Mas ele continuava respondendo que tinha bons números. Então, eu lhe disse: "Seus números são bons para mantê-lo na empresa, mas não para promovê-lo". E lhe disse ainda que se tivesse de promover alguém naquele momento e não houvesse nenhuma alternativa dentro da empresa além dele, contrataria alguém capacitado de fora, mas não o promoveria. Pois, apesar de todo o seu esforço e de seus bons números, ele não estava preparado para assumir esse posto com a excelência de que precisamos na empresa. E concluí o diálogo: "Só você pode se promover. Só você pode aprimorar seu potencial até se tornar uma potência. Aí, sim, a promoção virá. Não depende de mim. Depende apenas de você". Depois desse confronto, aquele funcionário teria duas opções: abaixar a cabeça e desistir ou reagir. Sabe o que aconteceu? Começou a se aprimorar, estudar, influenciar e treinar pessoas. Em um ano, ele foi promovido. Se você está buscando o melhor, tem feito cursos, se especializado em algo, compartilhe com seu time. A contribuição e o crescimento andam de mãos dadas na estrada do sucesso.

O que você prefere: a mudança gerada por um confronto ou o conformismo? Vai continuar do jeito que está ou conquistar coisas novas? Ver as oportunidades passarem ou aproveitá-las e avançar? Todo mundo tem sonhos, projetos, idealizações, mas você está realmente preparado para alcançá-los? Sabe quais são os passos em direção ao seu objetivo? Quais decisões e meios devem ser escolhidos a fim de se cumprir uma meta? Tudo isso vem pela capacitação pessoal, pela busca por conhecimento. Leia livros, faça cursos, capacite-se!

De que lado você está? É da geração "mimimi" que só chora, só reclama, só pensa em seus direitos, mas não se empenha em seus deveres ou é daqueles que vão à luta? É aquele funcionário que fica sentado esperando a promoção chegar ou que cria as oportunidades? O Livro diz: "Se você vacila no dia da dificuldade, como será limitada a sua força!" (Provérbios 24:10). Lembra-se do programa *O aprendiz*, que tinha um nível de intensidade e pressão que exigia dos participantes respostas rápidas e muito preparo psicológico? Apenas currículo não bastava, era necessário ter inteligência emocional. Muitos bons participantes saíram por não conseguirem administrar toda a pressão das tarefas.

O mercado é assim: se não estiver preparado, você é colocado para fora! É muito semelhante a um *game*, em que a cada fase os níveis de dificuldade aumentam. E como se ganha num jogo? Chorando? Reclamando? Não!

HERÓI OVERLOAD, O GESTOR

Tentando até conseguir, se aprimorando, se esforçando, buscando superar seus limites. Você já está preparado para quando a oportunidade chegar ou, quando isso acontecer, ainda vai correr atrás do tempo perdido? É do tipo que prefere se precaver ou ficar remediando e correndo atrás do prejuízo? Soluciona os problemas ou repassa os conflitos?

Três coisas essenciais ajudarão a iniciar esse processo de mudança:

1. **FOCO:** é o direcionamento que se dá para aquilo que se quer. Entretanto, não se trata apenas de focar num alvo final, mas também do foco do dia a dia. Se você se concentra só em problemas, eles se expandem. Se busca soluções, elas se expandem. Você está focado em seus objetivos ou qualquer coisa o distrai facilmente? Quem tem foco não se perde no meio do caminho.

2. **IMERSÃO:** é um mergulho na sua área de atuação. É quando nos aprofundamos numa matéria específica. Por exemplo, se você é da área comercial, precisa ler livros, fazer cursos e se relacionar com pessoas dessa atividade. Imagine um ator que fosse interpretar um personagem histórico do século XVIII. Ele precisaria entender vários aspectos da época, como o personagem falava, se comportava, a maneira de se vestir, o que comia etc. Ou seja, imergir no personagem. Para uma imersão completa, é necessário:

   - **Investimento:** buscar treinamento especializado, fazer cursos da sua área. Se não estiver disposto a investir dinheiro na sua formação, dificilmente sua vida mudará a fim estar apto às oportunidades que surgirão.

- **Modelagem:** é aquele em que você vai se espelhar, que você admira. Já ouviu que "não escolhemos nossos pais, mas podemos escolher nossos mestres"? É por ai. Não se trata de plagiar ou fazer cópia de ninguém, mas buscar boas referências naquilo em que você está focado e precisa imergir.

- **Contágio social:** quem são as pessoas que o rodeiam? Com quem você convive? O ser humano é influenciado pelo meio de convivência. É muito importante escolher companhias certas, que caminharão com você rumo à realização de seus objetivos. Se andar com pessoas que não têm o costume de comer alimentos saudáveis, que não se preocupam com seu peso, com seus níveis de glicose, colesterol etc., provavelmente você seguirá esses maus hábitos. E o contrário também é real: pessoas que se preocupam com a saúde, têm boa alimentação, se exercitam o influenciarão a um estilo de vida saudável.

3. **PLANEJAMENTO E EXECUÇÃO:** é preciso pontuar, datar e dar prazos às suas metas. Qual é seu curso de ação? Quais são os recursos de que precisa para conquistar aquilo que quer? Estabeleça os prazos curtos, médios e longos para realizar. Se não organizar tudo isso, você vai se perder. A maioria das pessoas planeja, mas se perde na execução e não chega a lugar algum.

Termino este tópico com a seguinte história: havia dois fazendeiros vizinhos que estavam passando por um longo período de seca em sua região. Um deles, diariamente, apenas orava: "Senhor, abençoe esta terra e mande chuvas". O outro também orava, mas, ao mesmo tempo, preparava o solo e semeava, preparava o solo e semeava, todos os dias. Quando as chuvas vieram, você já imagina o final da história.

GESTÃO DA INFORMAÇÃO

Em um ambiente empresarial, as fontes de dados têm relevância estratégica fundamental. Qualquer estratégia precisa de informações. Quanto mais informações de qualidade se têm, maiores serão as chances de um planejamento estratégico funcionar com perfeição. Em um mundo digital como o de hoje, milhares de informações e um volume de dados praticamente incalculável trafegam em alta velocidade pela internet. Informações são importantes para as tomadas de decisões. E milhares de decisões são tomadas o tempo todo com três tipos de informações: informação pobre ou falta de informação, informação errada e informação qualificada.

A informação pobre é construída em geral com base apenas no *feeling* ou no instinto e um pouco de pesquisa – ou nenhuma. Esse tipo de informação nunca é aceitável! Tomar decisões com informações pobres aumenta muito a taxa de risco.

Costumo dizer o seguinte: informação errada é pior que informação nenhuma. Ela pode levar a lugares equivocados e a escolhas definitivas que, talvez, não possam ser corrigidas. Um exemplo disso seria tomar um remédio com contraindicações que podem matá-lo, porque alguém (transmissor) indicou e disse que não faria mal algum. Claro que você (receptor) também seria imprudente em não checar a veracidade da informação (mensagem) com um médico especialista.

Certa vez, num treinamento de liderança, utilizei o método da gamificação, separando sete grupos em salas diferentes. Chamei um representante de cada, transmiti algumas informações e cada um deveria retransmitir à outra equipe até a informação inicial chegar ao último grupo. Por fim, todos voltaram ao auditório principal e fizeram a exposição da informação dada inicialmente. O resultado foi triste: houve uma distorção tremenda entre a informação inicial e a final. E olha que tinha participante experiente nos grupos!

Também sabemos que a questão não é apenas a informação em si, mas como o líder está se comunicando com a equipe. Uma comunicação adequada exige alguns cuidados (que chamo de três Ds), uma conexão que atraia o interlocutor e a atenção com os ruídos nesse processo de comunicação.

OS TRÊS DS

- **DISPERSÃO:** antes de comunicar, observe se as pessoas estão dispersas, sem foco ou distraídas; em caso afirmativo, seu esforço em informar será em vão. E pior ainda, a informação correta pode ser distorcida em informação errada!

- **DISPLICÊNCIA:** a coisa que mais detesto é um funcionário displicente. Errar é humano, mas o displicente não erra por falha humana, mas pode ser desleixado, descuidado, por não ter senso de excelência. É o indivíduo descomprometido com a missão da empresa. Então, provavelmente, esse funcionário vai pegar a informação e não vai repassá-la adequadamente.

- **DESCULPAS:** acho inadmissível alguém simplesmente dizer que não sabe. Claro que ninguém sabe de tudo, mas temos tantos recursos tecnológicos à disposição, tanta informação circulando... Então, identifique se há empenho, por parte de seus liderados, em aprender e buscar conhecimento.

CONEXÃO

Para uma comunicação eficaz, é necessário haver um ponto de conexão com o interlocutor, a fim de que a informação estimule um engajamento. Sem engajamento não há um pertencimento, por consequência, o receptor da mensagem não se sente comprometido em agir. E como você trabalha essa conexão na sua equipe? Mostre o **porquê** daquele projeto, planejamento ou ação. Faça as pessoas entenderem o que você está propondo. Elas precisam se conectar com a informação. E em seguida, apresente o **como** vocês vão executar, se engajar em ações práticas que tragam resultados. E por fim, surge o **quê**, ou seja, o produto/serviço fruto da contribuição de toda a equipe.

RUÍDOS NA COMUNICAÇÃO

São as várias interferências que atrapalham e até impedem que a informação qualificada circule. Tenha o hábito de sempre verificar se os liderados estão mesmo entendendo o que você comunicou. Isso exige muita paciência. Outro redutor de ruído é a repetição. Nunca é demais a informação circular de novo até ficar gravada na cabeça de toda a equipe.

Enfim, se a comunicação fluir adequadamente em sua organização, muitos serão os benefícios. A equipe será saudável, pois as pessoas se sentirão mais seguras. Por causa do engajamento,

> **TENHA O HÁBITO DE SEMPRE VERIFICAR SE OS LIDERADOS ESTÃO MESMO ENTENDENDO O QUE VOCÊ COMUNICOU. ISSO EXIGE MUITA PACIÊNCIA.**

os resultados de sua empresa serão mais eficientes e novos recordes serão batidos. Se você é um gestor, líder, dono de empresa, empreendedor, alguém que está sempre em posição de tomada de decisão, tenha em mente uma coisa: você precisa estar cercado de pessoas que sejam acima de tudo confiáveis, capazes e tenham habilidade analítica para reunir, modelar e transmitir informações qualificadas que facilitem sua tomada de decisão assertiva. Claro que pode haver falhas, mas elas serão minimizadas, apenas por ter pessoas capazes do seu lado. As informações estão no centro de uma série de rotinas e processos dentro do seu negócio, e você deve incentivar e procurar maneiras de manter o acesso às informações a quem precisa delas, o mais rápido possível. Ter a informação correta sempre que ela for necessária pode auxiliar sua equipe, sua empresa, seu negócio a atingir os resultados desejados e, assim, concluir um planejamento estratégico com êxito. Quanto mais precisa for a informação, melhor. Uma boa gestão da informação garante que esta chegue às pessoas certas sempre que necessário. E isso aumenta as taxas de sucesso de qualquer planejamento estratégico.

Algumas dicas para uma boa gestão da informação:

> **UMA BOA GESTÃO DA INFORMAÇÃO GARANTE QUE ESTA CHEGUE ÀS PESSOAS CERTAS SEMPRE QUE NECESSÁRIO. E ISSO AUMENTA AS TAXAS DE SUCESSO DE QUALQUER PLANEJAMENTO ESTRATÉGICO.**

- **TENHA A TECNOLOGIA COMO SUA ALIADA** – Invista em soluções ou sistemas capazes de auxiliar os profissionais a ter a melhor experiência possível sempre que forem trabalhar com as informações na sua empresa. Não importa quais sejam as ferramentas adotadas, todas precisam ter recursos de segurança, edição e visualização.
- **DEFINA QUEM VAI TER ACESSO À INFORMAÇÃO** – Você não vai querer que a informação do financeiro da sua empresa circule livremente dentro da organização. Então, defina os níveis hierárquicos de acesso à informação conforme os âmbitos estratégicos, táticos e operacionais.
- **MONITORAMENTO** – Cheque sempre a informação para evitar que ela seja comprometida por algum lançamento errado. Por exemplo: já vi empresas pagando somas de valores altíssimas a funcionários por causa de um erro de digitação em uma planilha.
- **MODELE E ORGANIZE** – As informações precisam ser claras e precisas. Devem ser organizadas da melhor maneira possível. Isso fará com que seus dados sejam um ponto estratégico, utilizados para atingir os resultados e conseguir maximizar sua posição em um mercado competitivo.

Outro ponto de extrema importância é contratar empresa de consultorias em gestão. Seja numa companhia, igreja ou ONG, ter uma boa consultoria ajuda a potencializar os números e gerar um raio-X real do seu negócio. Vou contar uma coisa: como grande parte do meu negócio, fui desenvolvendo item a item e o restante foi feito por pessoas do meu time, pois imaginei que não precisava de uma consultoria de gestão para me direcionar. Perdi tempo enquanto não atentei para essa ferramenta. Todo crescimento requer ajustes e informações em larga escala. Então, contratei uma megaempresa de gestão e minhas decisões são muito mais assertivas com informações rápidas e seguras. Com isso, venho adquirindo muito conhecimento, boa parte, expressa neste capítulo.

PLANEJAMENTO ESTRATÉGICO

Sem um bom planejamento e uma boa noção da direção que estamos seguindo, é impossível alcançar bons resultados. Um líder precisa planejar! Sem isso, não terá direção. Força sem direção não atinge nada. Algo muito comum em muitas lideranças é simplesmente não ter planejamento da semana, do mês, do ano, de nada. Entenda que as pessoas não querem só discursos e boas ideias, e sim estratégias. Querem ver sua capacidade de estabelecer, com clareza, o passo a passo dos seus planos. Seus liderados precisam ter a segurança de que toda a visão que tem sido passada não é apenas devaneio, utopia, mas que você é capaz de conduzi-los ao objetivo final. Você é bom no seu planejamento? Vamos sair um pouco do âmbito empresarial: você tem planejamento da sua vida? Sabe aonde quer chegar? Em quanto tempo? Lembre-se do que falamos antes sobre a importância das informações e métricas. Tem certeza de que você tem planejamento? Ou tem apenas desejos fantasiosos?

> **UM LÍDER PRECISA PLANEJAR! SEM ISSO, NÃO TERÁ DIREÇÃO. FORÇA SEM DIREÇÃO NÃO ATINGE NADA.**

Certa vez, ao final de uma reunião comercial bem acirrada, um gerente comercial novato no cargo saiu bufando porque tinha ficado em sexto lugar. Perguntei a ele:

— Vai ganhar mês que vem?

— Com certeza!

— Por quê?

— Porque quero vencer! Quero estar no pódio mês que vem! Quero arrebentar e levar a taça de campeão!

— Você me respondeu seu desejo e isso é importante, mas o que me faz acreditar que você vai ganhar?

— Porque vou dar o gás na galera. No próximo mês, não aceito perder! Vou motivar todo mundo e vamos ganhar.

Perceba que ele estava com muita vontade de vencer, mas não tinha um planejamento. Ia fazer o "feijão com arroz", o previsível, o habitual. Então, concluí dizendo:

— Amigo, se você repetir as mesmas atitudes, certamente repetirá a derrota. Primeiro, analise os motivos por que você perdeu. Analise as métricas e observe cada detalhe que foi perdido. Entenda onde cada componente da sua equipe errou e o que pode melhorar. Analise também todos os pontos que envolvem o mercado local, a atuação do seu time, o *feedback* dos clientes, os pontos que podem ser explorados e outros pontos. Depois de tudo isso, crie um planejamento estratégico para sua equipe. Qual direcionamento ela terá para esse próximo mês? Sem planejamento, a chance de vitória é zero.

Ao entrar um pouco na parte da execução, imagine que um planejamento que você tenha feito apresente caminhos ambíguos, oportunidades novas e situações que não puderam ser previstas. Saiba que, por melhor que seja o planejamento, o mais comum é que pouco depois de tudo definido, você perceba situações que desconhece. Mas isso acontece porque ninguém conhece o desconhecido. Ninguém espera o inesperado. E no meio de uma estratégia, é vital a habilidade de assimilar as novas situações, gerenciar o que é desconhecido. Quando se chega a um lugar que você nunca esteve antes na direção da sua empresa, existem algumas ferramentas que não se deve deixar de usar. Quando você construiu sua empresa, seu negócio, seu time, foram estabelecidos alguns princípios logo no início, que servem como guia. Por mais que você não consiga encontrar um caminho claro na direção que está seguindo, as palavras visão, missão e valores não devem ser apenas anotações bonitinhas no papel ou em um link no site da sua empresa. São elas que definem o porquê, o como e o quê do seu negócio.

Veja algumas dicas que utilizo na minha empresa:

PLANEJAMENTOS CURTOS

O que é mais fácil enxergar em uma estrada: a placa que está a 10 metros de distância ou a que está a 1 quilômetro? Estabeleça metas mensais, trimestrais, semestrais e anuais. Dentro do mês, é possível estabelecer metas semanais e até diárias. Para quem trabalha com vendas, o que é mais fácil: fazer um faturamento de 50 mil reais no mês ou vender uma média de 2 mil reais por dia útil? Não é para fazer como a ex-presidente: diminuir a meta para bater e depois dobrar a meta. Tem gente que primeiro chega a qualquer lugar para, depois, pintar um alvo e dizer que chegou! Metas realistas e curtas permitem que você tenha um controle maior e calcule possíveis imprevistos ou até se surpreenda com um resultado muito bom num prazo que você não esperava.

ACOMPANHE A EXECUÇÃO

Uma estratégia executada vale mais que mil que não saem do papel. Se uma grande habilidade é planejar com maestria, a outra é executar com excelência! Muitos líderes não conseguem identificar se a estratégia é que era ruim ou a execução que foi péssima. Em geral, tento não me ater rigidamente às fórmulas, mas vale lembrar uma metodologia simples de gerenciamento que pode ser utilizada em qualquer situação, tanto no campo pessoal como no eclesiástico e no empresarial, conhecida como o ciclo PDCA,[11] que possui quatro etapas:

- **Planejar:** antes de se executar o processo, é preciso planejar as atividades, definir a meta e os métodos;
- **Implementar/executar:** é a execução das tarefas de acordo com o que for estipulado no plano, e inclui também a coleta de dados para o controle do processo. O treinamento é requisito para a execução das tarefas;
- **Verificar:** é a fase de monitoramento, medição e avaliação. Os resultados da execução são comparados ao planejamento e os problemas são registrados. Se os resultados forem favoráveis, as tarefas são mantidas; se ocorrer problema, deve-se agir.
- **Agir:** fase em que se apontam soluções para os problemas encontrados.[12]

Imagine alguém querendo fazer uma viagem sem definir o destino, sem saber se tem recursos para tal, sem ter noção de qual meio de transporte

---

[11] Sigla do inglês composta de P: do verbo "Plan", ou planejar; D: do verbo "Do", fazer ou executar; C: do verbo "Check", checar, analisar ou verificar; e A: do verbo "Action", agir para corrigir eventuais erros ou falhas. Disponível em: <https://www.venki.com.br/blog/o-que-e-ciclo-pdca/>. Acesso em: 22 maio 2019.

[12] "Saiba o que é e como funciona a metodologia PDCA." *SEBRAE*. Disponível em: <http://www.sebrae.com.br/sites/PortalSebrae/artigos/4-etapas-do-pdca-melhoram-gestao-dos-processos-e-qualidade-do-produto,9083438af1c92410VgnVCM100000b272010aRCRD>. Acesso em: 22 maio 2019.

> **FAZER O *FOLLOW-UP* OU ACOMPANHAR A EXECUÇÃO DE CADA ETAPA DE UMA ESTRATÉGIA AUMENTA DEMAIS AS CHANCES DE SUCESSO.**

utilizará para chegar nem reservas numa hospedagem! Seria uma completa tragédia. Além de motivar e inspirar pessoas, liderar é ser capaz de gerenciar processos, ter estratégias que levem a equipe ao objetivo final. Em minha experiência, pude comprovar que 90% das vezes que um planejamento estratégico não funcionou como esperado, houve muitas falhas de execução. Perceba que a estratégia compõe apenas 10% do plano, os outros 90% são execução. Falhas nessa fase comprometem o sucesso de qualquer planejamento estratégico. Sem acompanhamento, é quase impossível olhar para o futuro e dizer, com segurança que alcançará os objetivos. Fazer o *follow-up* ou acompanhar a execução de cada etapa de uma estratégia aumenta demais as chances de sucesso. Além disso, vai permitir adaptar pequenas partes da estratégia para que ela alcance o objetivo esperado.

ENCANTAMENTO COMERCIAL

Um líder gestor precisa de estratégias comerciais, necessita de maestria no acompanhamento das métricas, deve ter excelência nos planos de ações e precisa entender o princípio da venda. Até porque as demandas do mercado e a maneira de consumir mudaram de modo tão radical que as pessoas não estão mais tão focadas em ter coisas, mas em experimentar, em ter sensações. Aos poucos, comprar um produto está dando lugar a "ter uma experiência".

Então, não perguntamos apenas "como acontece uma venda?", e sim "você sabe gerar uma experiência incrível?".

Quero falar sobre algumas somas que resultam em sucesso de vendas e compras. Uma é a soma profissional da equipe que você lidera. É a equação do esforço do vendedor: criatividade mais execução é igual a resultado. Se alguém não está apresentando resultado é porque falta algum desses fatores. Quer formar um time de heróis em vendas? Coloque em prática tudo o que já ensinei: treinamento, comunicação, planejamento, acompanhamento de seus liderados etc. O segredo da qualidade do relacionamento e da intimidade com o cliente está na maestria da relação do líder com o funcionário.

A outra soma que gera a compra é o resultado da perfeita harmonia entre experiência e informações. Trata-se da soma de impacto gerado no cliente, fazendo com que ele decida comprar. A experiência é a sensação que o cliente tem quando está comprando ou usufruindo de um produto ou um serviço. É quando o cliente se sente bem, feliz, único, seguro, surpreendido, respeitado, valorizado, desafiado etc. São sentimentos estimulantes e determinantes para a efetivação da compra. Mas a soma só alcança um resultado eficiente se conseguirmos conectar essas experiências às *informações* sobre os produtos e os serviços oferecidos por seu negócio. Como comunicar e difundir as informações de tal maneira que atraia seu cliente ao que você oferece? Aí, seguimos para a próxima estratégia de seu planejamento: marketing.

MARKETING E ATENDIMENTO

Uma das coisas que mais amo é criar estratégias de marketing. O marketing é envolvente, consegue tocar as pessoas e comunicar em um nível mental e emocional. Sabe aquela propaganda que você não esquece?

Aquela música chiclete que não sai da cabeça? Aquela imagem que você viu no outdoor e o fez pensar? Aquele vídeo exibido no YouTube com imagens fortes e uma música marcante que despertou algumas emoções? Isso é marketing.

Um marketing eficiente consegue transformar necessidades em desejos e desejos em vendas efetivas. Imagine-se na praia num dia ensolarado, morrendo de sede. Qual sua necessidade? Água, seria óbvio. Mas vem à sua mente o comercial, você olha ao redor e vê a propaganda, o desejo fala mais alto e você corre para um refrigerante ou um sorvete. Às vezes, esquece até do que é mais saudável por conta do encantamento proporcionado. Não que o marketing tenha apenas esse objetivo de iludir o cliente, não! Afinal, você tem visto como enfatizamos a ética e a moral como valores fundamentais em nossa cultura organizacional. Mas estamos falando de uma ferramenta poderosa, capaz de apresentar ao mercado as informações certas a fim de mostrar ao cliente que ele pode ter a experiência de que tanto necessita ou que deseja adquirindo um produto ou usufruindo de um serviço oferecido por sua empresa.

E outra coisa importantíssima: um marketing eficiente não apenas vende, mas se preocupa em dar suporte necessário no pós-venda. Não queremos que o cliente compre apenas uma vez. Buscamos fidelização. Queremos que ele volte de novo e de novo. Queremos que seus filhos, seus netos e seus bisnetos tenham relacionamentos com nossa empresa. E mais: buscamos tanta satisfação para nossos clientes que eles mesmos se tornam "vendedores" para seus amigos, parentes etc.

VELOCIDADE E AGILIDADE

Depois que você reunir todas as informações necessárias para a criação da estratégia, depois que construir um planejamento e considerar todas as etapas, pense em tempo. Ele não é seu aliado. O mercado é competitivo demais. Não são os mais inteligentes que vencem, e sim os mais rápidos. Informações são importantes? Sim. Planejamento é importante? Muito. Conhecer o mercado e como o negócio funciona é importante? Fundamental. Já sabemos uma boa parte das coisas que temos para fazer. O que difere um profissional do outro é a velocidade e a agilidade com que ele executa o trabalho. Sabe aquela pessoa que trabalha o mesmo tempo que você na mesma função e consegue ser muito mais produtiva? Que produz três, cinco ou até dez vezes mais? Ela é ágil! Eficiente! Assimila as informações com rapidez e produz na mesma velocidade. Ela está sempre atenta. Evita as distrações que roubam a produtividade dela.

Você, como gestor, precisa estar atento a isso. Ter relatórios claros para acompanhar a produtividade de cada integrante da sua equipe. Cada negócio tem sua particularidade, então, você precisa descobrir como medir a produtividade dos seus colaboradores. Se tem alguém fazendo mais, ou melhor, que outro, acompanhe os dois. Perceberá que um deles está se distraindo. O mundo trouxe muitas vantagens e facilidades para nosso dia, em especial quanto à comunicação e ao networking, porém podem trazer exemplos de distração quanto à produtividade, como o WhatsApp, Facebook, redes sociais, conversas inúteis etc.

> **O QUE DIFERE UM PROFISSIONAL DO OUTRO É A VELOCIDADE E A AGILIDADE COM QUE ELE EXECUTA O TRABALHO.**

POSICIONAMENTO ESTRATÉGICO

Se você conhece uma empresa de sucesso é porque, com certeza, ela se posicionou de maneira estratégica no mercado em liderança de produto, excelência operacional e intimidade com o cliente. Todo mundo sabe que sem uma estratégia correta não se vence um jogo ou uma batalha. Mas o que é estratégia? Veja alguns conceitos de renomados autores da literatura de negócios mundial:

> *"Pode ser entendida como o conceito central que rege o negócio. É fundamental para a organização entender e desenvolver valor para o cliente."* (frase atribuída à Peter Drucker)

> *"Estratégia é a combinação dos objetivos que uma empresa persegue e os meios para atingi-los."* (Michael Porter)

> *"Estratégia é fundamental em qualquer organização. É a estrutura empresarial que segue a estratégia, e não o contrário. É a determinação de metas e objetivos de longo prazo, bem como a definição de cursos de ação e recursos para a realização dessas metas."* (Alfred Chandler).

A estratégia da liderança em produto é se diferenciar, tornar exclusivo o produto ou o serviço ofertado criando algo que seja considerado único no âmbito do mercado. Aqui, é fundamental pensar em inovação – uma busca constante pelo melhor e pelo pioneirismo. Mas atenção: inovar não é apenas diferenciar-se dos concorrentes, pois se diferenciar pode ocasionar isolamento em relação aos concorrentes, por causa da lealdade dos consumidores em relação à marca e, também, à menor sensibilidade ao preço. Por isso, ser estratégico é essencial para seu posicionamento no mercado.

Um posicionamento de excelência operacional consiste em atingir a liderança total de um setor por meio de políticas a custos baixos. Ter excelência operacional representará rentabilidade acima da média do mercado, porém não necessariamente preços mais baixos (embora tenham de ser competitivos). Por isso, nosso herói Overload está sempre em ação. Com maestria, ele estabelece controles administrativos eficazes e processos eficientes e contínuos de melhoria das nossas operações.

Posicionamento estratégico é um processo de seleção de clientes por parte das organizações. Ter a capacidade de alcançar intimidade com o cliente implica estreitar relações (dar foco) com um grupo exclusivo, num segmento de produtos ou num mercado geográfico. Quando uma empresa consegue não apenas satisfazer, mas também encantar e surpreender seu público-alvo, ela encontrou sua maior riqueza.

Assim, seu negócio alcançará um posicionamento estratégico quando conseguir integrar a excelência operacional em produzir produtos bons e com alto padrão de qualidade, focando em preços competitivos, alta disponibilidade e acesso, e com capacidade de atender a qualquer demanda; a liderança em produtos no mercado, com inovação constante, agilidade no lançamento, superação, criação de necessidades e alta valorização da marca; e a intimidade com o cliente, de modo que ele perceba a personalização, estabeleça um relacionamento saudável e permanente e tenha a garantia de que sempre terá a melhor solução para cada problema que encontrar.

CULTURA E ESTRATÉGIA CAMINHAM JUNTAS

"A cultura devora a estratégia no café da manhã." (frase atribuída à Peter Drucker)

Nada é tão poderoso em uma empresa como sua cultura. Se há algo em uma empresa, instituição ou organização cujo valor não é possível medir, esse algo é a cultura. Quando uma empresa é avaliada, são levadas em consideração muitas informações financeiras, contábeis, fiscais, jurídicas etc. Todas têm valores tangíveis, porém o que faz uma empresa ser valiosa de verdade é sua essência ou, em outras palavras, sua cultura. Nela, ficam claros todos os princípios que a conduzem, seus diferenciais e seus princípios, mesmo que todas as pessoas alheias ao dia a dia do funcionamento da organização só consigam enxergar relatórios e métricas. Os relatórios, os KPIs e os indices no geral têm sua importância, mas nunca se deve desprezar a cultura.

A cultura sempre será mais forte do que qualquer estratégia. Vamos refletir juntos? Quantas vezes você criou uma estratégia "perfeita" que traria muito retorno para sua organização, mas que não funcionou? Quantas vezes comunicou uma ideia "genial" que faria sua empresa ou sua organização dar um salto de faturamento e, em vez de resultados positivos, colheu prejuízos? Quantas vezes criou algo que colocaria sua empresa à frente dos concorrentes no mercado e o que deveria ser desafiador, prazeroso e recompensador gerou desgosto e até prejuízo emocional e financeiro?

Depois de ver alguns *cases* de empresários que conheço, cheguei à compreensão de que, para as estratégias funcionarem, elas precisam ser abraçadas pela cultura da empresa.

Um exemplo forte de como é importante respeitar uma cultura e observá-la antes de qualquer ação estratégica foi minha ida a uma tribo indígena. Eu já viajei com a concepção prévia de que os indígenas, naturalmente, teriam uma aversão histórica contra os brancos (por causa das colonizações e das explorações de suas terras). Então, eu já imaginava que haveria certo bloqueio cultural em relação a mim,

> **A CULTURA SEMPRE SERÁ MAIS FORTE DO QUE QUALQUER ESTRATÉGIA.**

um branco, por me verem como uma ameaça. Isso me fez ter muita cautela em observar tudo ao redor sem invadir o espaço deles. Como fui capaz de participar de todas as atividades culturais deles com muita alegria e respeito, após cinco dias, eles já demonstravam consideração

> **NÃO EXISTE ESTRATÉGIA QUE PERDURE, SE NÃO FOR INSERIDA COMO PARTE DO AMBIENTE DA ORGANIZAÇÃO.**

e afeto por mim. Quem afronta ou destrói uma cultura perde a oportunidade de se posicionar estrategicamente.

Estratégias por si só não trazem resultados. Qualquer estratégia, por mais genial que seja, depende total e essencialmente da cultura da empresa onde será inserida. Não existe estratégia que perdure, se não for inserida como parte do ambiente da organização. A cultura é aquilo que seus colaboradores dizem sobre sua empresa. Se você pensa que a companhia é uma coisa e seus colaboradores dizem algo diferente, então, existe uma distância enorme entre o que você diz ser sua cultura e o que ela é de verdade. Um abismo enorme entre o que você ou seus líderes falam e o que fazem de verdade. Isso causa uma perda de força enorme em qualquer estratégia, porque as pessoas não se comprometem com a missão.

O PAPEL MAIS IMPORTANTE

Toda empresa, independentemente da missão, tem algo em comum: ao fim de cada mês, seus gestores se juntam para apurar os resultados alcançados no mês. E a expectativa sempre é de números positivos, metas alcançadas, crescimento e lucro. O grande erro que muitos líderes e gestores cometem é focar por completo na maximização dos lucros e dos resultados positivos, esquecendo-se de dar atenção ao *como* os resultados acontecem.

Para que qualquer estratégia funcione, é preciso ter em mente duas coisas: a cultura, da qual já falamos, e as pessoas. O maior patrimônio de uma empresa são seus colaboradores. Nenhuma estratégia funciona sem eles. Mesmo vivendo em um mundo digital em que as coisas estão cada vez mais automatizadas, as pessoas ainda assim estarão lá. Nada substituirá a sensibilidade, o bom senso, a capacidade de improvisação, a criatividade, a inovação etc. das pessoas. No final das contas, uma estratégia não terá êxito se o fator humano for ignorado. Lembre-se de que todas as estratégias e toda a sua capacidade tecnológica e de sua empresa iniciam com pessoas e terminam em pessoas. Por isso, antes de pensar em estratégias mirabolantes, entenda como é a cultura da sua companhia. Treine seus líderes e seus gestores para serem estratégicos e também propagadores da cultura.

Se você acabou de iniciar um negócio, encontre pessoas que vão comprar sua visão e a missão da sua empresa, que abraçarão os valores dela e os princípios sobre os quais ela foi construída. Essa é uma das garantias de seu empreendimento: crescer forte e saudável. Se você já tem um negócio, ou se está à frente de uma equipe e seus resultados não têm sido satisfatórios, ou ainda se tudo que você procura implantar não funciona, pare e pense! Os valores da sua empresa/equipe continuam os mesmos? A cultura da sua empresa/equipe permanece a mesma de quando você a criou? Se sua resposta for um sincero sim, então, existe algo que não está sendo visto e que em geral tem a ver com gestão em um contexto. Se sua resposta sincera for não, talvez a cultura da sua empresa/equipe tenha sido diluída sem que você tenha percebido.

QUANDO OS VALORES SE PERDEM, OS RESULTADOS SE INVERTEM

É muito importante entender que os valores devem sempre estar acima das estratégias. Não adianta ganhar por ganhar. Sabe aquela antiga máxima que diz que "os fins justificam os meios"? Lembra-se do personagem Dick Vigarista, dos desenhos dos anos 1980? Ele só queira ganhar a corrida maluca trapaceando! De que adiantam resultados, conquistas, números, se as pessoas de seu time puxam o tapete umas das outras? Se líderes não inspiram pelo caráter? Se os clientes estão constantemente sendo lesados? Se a empresa não tem responsabilidade social?

A história conta sobre um homem chamado Sansão, que tinha uma força descomunal. Seus pais receberam normas de conduta seríssimas para criarem seu filho de acordo com os padrões de excelência, o que garantiria o sucesso dele por toda a vida. O tempo foi passando, o menino cresceu e tornou-se um juiz poderoso. Seus inimigos o temiam. Ninguém podia contra Sansão. Certa vez, para espanto de todos, ele perdeu uma batalha. Todos achavam que o segredo de sua força estava em seus longos cabelos – como haviam sido cortados por sua amante, isso teria sido a causa de sua primeira derrota em toda a vida. Mas, na verdade, entendemos que o motivo da tragédia foi a quebra dos princípios por parte de Sansão. Mentiras, indisciplina e prostituição mancharam sua carreira. A força dele não estava no cabelo, mas nos princípios quebrados que o desconectaram da fonte de seu sucesso. Quando você quebra princípios, seja o menor deles, está enviando um forte recado para todos os setores da sua empresa. Está comunicando que os princípios não se aplicam à situação ou à pessoa x, ou que são apenas palavras bonitinhas na parede da sala de reunião – e isso confunde a mente dos funcionários. E se você destrói a mente de um funcionário e quebra a cultura ou os princípios da empresa, mais cedo ou mais tarde, quebrará a empresa.

Grandes corporações faliram porque permitiram que sua cultura fosse diluída por pessoas ou gestores que só pensam no lucro ou no resultado de curto prazo. Uma empresa que perdura e ficará anos no mercado tem uma cultura forte, sustentada por princípios fortes e rodeada de líderes fortes que não abrem mão de seus princípios e defendem a cultura da empresa, sem exceções!

GESTÃO DE PESSOAS

Existe um desafio de extrema importância enorme dentro das empresas: contratar as pessoas certas para as funções certas. E a melhor maneira de colocar as pessoas certas nos lugares certos é o investimento forte em contratação. O Overload conta com a destreza da heroína Neelie, *expert* em recrutamento. Um grande desafio é contratar não apenas pessoas qualificadas, mas também apaixonadas por sua visão e sua missão.

Permita-me compartilhar algumas dicas e *insights* obtidos com minha experiência de alguns anos contratando pessoas. Vai existir quem trabalhe com você pelo dinheiro e quem trabalhe com você pela missão. Não há como saber logo de cara qual é qual, mas fique atento às contratações e acompanhe o desenvolvimento de cada um dentro da empresa/equipe.

Quando contratar alguém para um cargo-chave dentro da empresa/equipe esteja atento ao seguinte: essa pessoa veio de um lugar diferente, com uma cultura diferente e fazia as coisas de maneira totalmente diferente. Receba-a com atenção e cuidado. Gaste tempo com ela, inserindo-a dia a dia na cultura da sua empresa. Ouça com atenção suas dúvidas e suas opiniões. Você já sabe que ela é competente, então, gaste tempo, se possível diariamente, inserindo pequenas doses da cultura nela. Ela assimilará com maior facilidade e a tendência é que se apaixone pela visão e pela missão da empresa.

Gaste tempo ouvindo seus funcionários! Nosso modelo de gestão se baseia essencialmente nisso: ouvir as pessoas, descobrir seus sonhos e seus objetivos e potencializá-las por meio disso. Quando elas perceberem que você se preocupa com elas de verdade farão de sua visão e sua missão, a visão e missão da vida delas.

Quando você promover alguém, decida de acordo com o nivel de engajamento na missão e na visão da empresa. Claro, não despreze as qualificações, que são motivos decisivos para uma promoção. Busque uma equalização justa entre o comprometimento e a qualificação na hora da promoção.

Logicamente, há aquelas que não ficarão com você. Ou sairão sozinhas, ou você será forçado a fazê-las partir, por não ficarem dentro das expectativas ou por algum desvio grave de conduta. Nunca é fácil demitir alguém, mas também não precisa ser desagradável. Gestores que se importam fazem questão de liberar as vidas das pessoas, abençoando-as para ir a outro lugar. Se alguém tiver um desvio de comportamento sério, passível de justa causa, siga os procedimentos corretos e o demita por justa causa. Mas acima de tudo, siga os princípios orientadores da sua cultura.

Invista em treinar as pessoas. Invista nelas! Quanto mais tempo de treinamento intenso nas funções você investir, melhores serão os resultados.

> **QUANDO VOCÊ PROMOVER ALGUÉM, DECIDA DE ACORDO COM O NÍVEL DE ENGAJAMENTO NA MISSÃO E VISÃO DA EMPRESA.**

GAMIFICAÇÃO

Não crie metas sem gerar estímulos de curto, médio e longo prazos. Uma das ferramentas, tanto para educação acadêmica quanto para treinamento profissional, cuja utilização tem crescido muito nos últimos anos, é chamada de gamificação. O termo é originário do inglês *gamification*, o uso de técnicas de jogos, em sua maioria virtuais, para cativar pessoas por intermédio de desafios constantes e bonificações. Mas esse conceito não é novidade. Lembra-se do tempo da gincana no colégio? A organização dos times, as cores de cada bandeira, os nomes, os gritos de guerra etc. E lembra como era o engajamento da galera? Forte, não é? Então, gamificação é algo parecido com isso! Ter gamificação em seu time, sua empresa, sua igreja etc. aumenta o engajamento, gerando resultados surpreendentes e um nível de comprometimento elevado.[13]

Com a gamificação, se estabelece um objetivo final a ser alcançado no final de um período. E durante o percurso, são criadas pequenas e memoráveis recompensas que fazem os funcionários se sentirem estimulados. Então, cada vez que alguém alcançar as pequenas metas, é preciso validar e comemorar com ele e com o time. Isso gera um incentivo para que as próximas pequenas metas sejam alcançadas. No final, o resultado será atingido de maneira prazerosa.

Quando um colaborador entra numa empresa ou em qualquer tipo de organização, acontece muito de se sentir fora do ambiente e não enxergar onde pode chegar. Com a gamificação, além de a pessoa entrar em um time, um clã, uma disputa (com membros do time dele ensinando, apoiando e incentivando), conseguimos mostrar a meta final (objetivo maior) e, desse modo, ficam claros os próximos passos a conquistar. Todo jogo gera um prazer de passar de fases, de mudar de nível, de vencer, além de ser divertido!

---

[13] *Gamificação: o guia definitivo.* Disponível em: https://www.ludospro.com.br/blog/gamificacao-o-guia-definitivo. Acesso em: 3 jun. 2019.

HERÓI OVERLOAD, O GESTOR

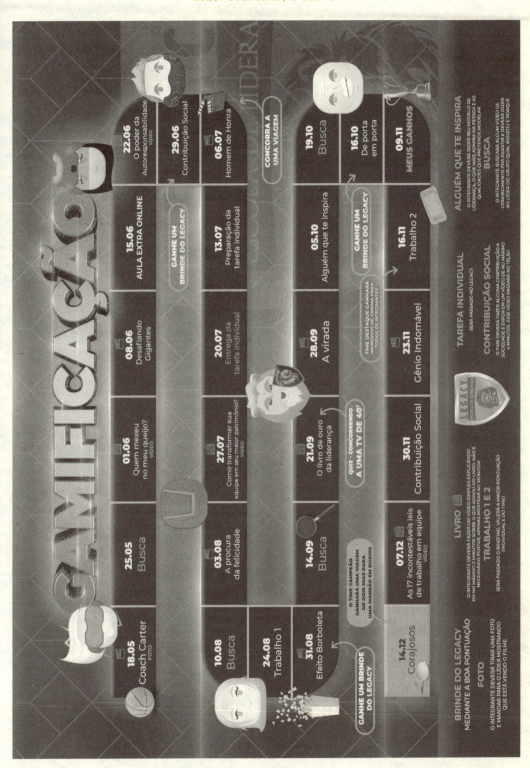

O MAIOR INIMIGO DA CULTURA

Penso que o maior inimigo da cultura de uma empresa é a impaciência dos líderes que focam apenas em resultados e nada mais. Veja bem, meu modelo de gestão é focado em resultados. Eu incentivo e cobro resultados, como qualquer gestor deve fazer, e não há nada de errado nisso. Somos a soma dos nossos resultados, mas vejo líderes cometendo erros básicos em gestão de pessoas, desde com os recém-contratados até com os que estão há algum tempo com eles na empresa.

TREINAMENTO *VERSUS* "TROCAMENTO"

Se você é gestor, líder de equipe ou empresário, precisa estar atento ao seguinte: o maior inimigo da cultura e da saúde da sua empresa se chama rotatividade. Quando ela está alta, dilui a força da cultura da sua empresa, destrói a saúde financeira do seu negócio e traz um desgaste emocional e mental gigantesco. Talvez você esteja à procura de uma resposta porque os números da sua empresa só caem – e pode ser por isso.

Faça um levantamento da quantidade de pessoas que passaram pela sua empresa nos últimos doze meses. Veja quantas têm até seis meses e quantas têm um ano ou mais de casa. Se puder mensurar os valores de verbas rescisórias, classifique em duas partes: pessoas que foram demitidas e pessoas que se demitiram. Se o número das que foram demitidas estiver muito alto, há um problema grave de gestão. Seus líderes ou você foram acometidos daquilo que chamo de "trocamento" e isso acontece quando a liderança

> **O MAIOR INIMIGO DA CULTURA E DA SAÚDE DA SUA EMPRESA SE CHAMA ROTATIVIDADE.**

ou a gestão tem um treinamento ineficiente ou quase nulo. Querem as pessoas prontas, que já saibam fazer as coisas – aí, procuram gente que já trabalhou na empresa antes, em outra ocasião, ou que simplesmente se autodesenvolva.

Pode acontecer de algumas pessoas aprenderem e se desenvolverem pelo talento e pela força de vontade, bem como pela necessidade pessoal de se manterem empregadas. Mas ela não estará na sua empresa/equipe pela missão, além de ter a motivação errada. Assim que surgir outra oportunidade que pague um pouco melhor, ela irá embora, pois não tem nenhum compromisso com a missão ou a visão da sua empresa. O compromisso dela é com o salário no fim de cada mês. E você não pode culpá-la por isso: a culpa é sua!

E se você está com o índice de demissões muito alto, avalie. Crie um índice de rotatividade máximo dentro da sua empresa, que precisa ser sempre o menor possível. Equipes mal treinadas sempre ficarão abaixo das expectativas, e a consequência será uma rotatividade anormal.

COMO DIMINUIR A ROTATIVIDADE

Não existe uma receita pronta para zerar a rotatividade. Mas existe uma maneira de diminuir eficazmente esse índice: treinamentos constantes! Invista nisso. Crie treinamentos customizados por setor na sua empresa. Tenha manuais e processos documentados para cada atividade. Uma estratégia que aplico é ter um Centro de Treinamento para Líderes. Na Zion, ele se chama Legacy – Escola de Liderança. É o coração de nossa organização. Este é o maior segredo do sucesso de nossa empresa. A Legacy foi criada com o objetivo de manter um treinamento intenso e constante para os funcionários, demonstrando seriedade, respeito e dignidade, permitindo-lhes crescer e aperfeiçoar sua capacidade de liderar, ou seja, de se tornarem líderes que influenciam de maneira positiva os clientes e inspiram os demais funcionários a aumentar sua competitividade e se aprimorar no que fazem. Nosso foco é ter uma visão ampliada, viver em excelência e buscar novas conquistas, tanto para a Zion quanto para a vida de cada um em todas as áreas.

O treinamento é voltado para suprir a crescente demanda de futuros líderes dentro da empresa. Lá, são ministrados conteúdos de gestão, marketing, vendas, finanças, mercado, além de serem comunicados o tempo inteiro os princípios e a cultura da empresa. Dentro das unidades da Zion, uma vez por semana há algo que chamamos de Multiply. Os gestores de cada unidade param os funcionários uma vez por semana, por cerca duas horas, para comunicar e replicar o conteúdo aprendido, massificando a cultura da empresa para aqueles que não estão na escola de liderança. Além disso, há vários vídeos de circulação interna com ensinamentos básicos sobre os processos e as tarefas do dia a dia para cada setor da empresa.

Se você tem encontrado um cenário de alta rotatividade em sua empresa/equipe, eu o incentivo a instituir um treinamento intenso para seus funcionários. Gaste tempo com eles. Invista neles! Se você concentrar seus esforços em fazê-los crescer e serem melhores, seus resultados também serão melhores e maiores. Se você faz o contrário, seus resultados nunca o surpreenderão, podendo, pelo contrário, ser decepcionantes.

Desejamos formar líderes com visão de águia, apaixonados pelo que fazem, servindo sempre e disciplinando quando necessário. Assim, precisam ser leais, comprometidos, responsáveis, íntegros, para que convertam sonhos em realidade, com atitudes constantes e intensas, livres de hábitos e costumes equivocados que cegam o entendimento e impedem o crescimento. Fortalecidos nas emoções e com espírito guerreiro, eles se tornam ousados, sensíveis às adaptações, competentes, sábios e inspiradores de vidas.

CAPÍTULO

7

O VISIO

HERÓI KLAUS

NÁRIO

VIVENDO APAIXONADO POR UMA CAUSA

O tema central da visão de Klaus é: o propósito é maior do que a proposta!

Para entender a convicção de um propósito, é preciso amar, ter paixão. Você já percebeu que quando uma pessoa está cansada e toma um energético ou um termogênico, uma hora depois ela fica acelerada, disposta, capaz de produzir mais, render mais, de maneira mais leve e com o olhar vivo? Pois a paixão é capaz de fazer ainda mais que isso.

O termogênico será capaz de aumentar sua adrenalina por algumas horas, mas a paixão o manterá vivo para sempre. Quando se tem uma causa pela qual é apaixonado, se está disposto a não só morrer por ela, mas, principalmente, viver por ela.

Já viu uma pessoa apaixonada? Ela perde o sono, é otimista, faz feitos incríveis, não cansa, se supera, tem brilho no olhar, tem força ao falar, tem vida. Em geral, esse ânimo oriundo da paixão por alguém pode durar um tempo ou até uma vida toda, se o alicerce for o amor. Imagine um time alicerçado no amor e apaixonado por uma causa a vida toda? Nada será impossível de conquistar. Nada!

O PROPÓSITO É MAIOR DO QUE A PROPOSTA!

Sou abençoado porque tenho um time de heróis fincado em um propósito maior. Em um próximo livro, contarei detalhes da história desse time apaixonado que, junto comigo, enfrentou um império estrangeiro e poderoso que nos enganou, abdicando de receber salário por mais de um ano na certeza de que o propósito era maior do que qualquer proposta. Foi, é e sempre será. Essa história é tão surreal que daria uma série espetacular. Teve de tudo: negócios, relacionamentos, política, polícia, bilionários, TV, traição, trama etc. A adrenalina era de um filme de suspense terrivelmente real, mas tudo tinha um propósito.

Quem é apaixonado não mede limites, respira, transpira e inspira por uma causa. Uma das coisas que mais amo fazer é viajar. Nas viagens, procuro curtir tudo com intensidade, a cultura local, a natureza, os hábitos, a tecnologia, o entretenimento, as construções, o marketing, o atendimento local. É inevitável não pensar em como cada aprendizado pode agregar algo novo na minha missão, essa percepção é natural. Em um atendimento, penso no que posso melhorar ou acrescentar; quando observo construções, penso no que posso fazer melhor; sobre a cultura local, tento entender como as pessoas pensam e o que posso crescer com isso; no marketing, analiso as estratégias que estão sendo usadas para perceber algo novo; e também sempre desejo que meus líderes possam ter a oportunidade de ir comigo para desfrutarem de coisas boas. A maneira como tiro lições das viagens é um exemplo, mas isso acontece todos os dias da minha vida. Eu respiro, transpiro e inspiro pela minha causa.

Quando se é apaixonado, não se passa uma informação, mas vive uma estratégia. O apaixonado mergulha no entendimento do que a causa significa e gera. Transmite o porquê das coisas antes do o quê. Um grande apaixonado precisa ser um estrategista em suas ações e seus planos.

> QUEM É APAIXONADO NÃO MEDE LIMITES, RESPIRA, TRANSPIRA E INSPIRA POR UMA CAUSA.

Quando não há paixão, a repetição de uma atividade gera cansaço; quando há paixão, gera aperfeiçoamento. Quando há paixão, quem está de fora quer saber o que acontece dentro. Quando há paixão, você não contagia apenas sua equipe, mas todos que ouvem falar de seu negócio. Quando não há paixão, nem o colaborador mais próximo é impactado. Entenda que quem não vive uma paixão por uma causa nunca será completo.

O apaixonado pode passar pelas maiores dificuldades, adversidades, dores, perdas e mesmo assim não desiste, pois a paixão o mantém aceso! É como uma brasa viva queimando: o vento não apaga, ele incendeia, serve para contagiar e alastrar para outras potenciais brasas. E aí está o segredo: quanto mais pessoas incendiadas pela paixão, maior será o impacto de sua missão.

Uma coisa é certa, os apaixonados são mais felizes e mais leves. Podem dizer que são loucos, trabalham demais, são bajuladores, gostam de aparecer, são sem-noção, sonhadores doidos, mas você não verá pessoas sem paixão fazendo coisas extraordinárias.

Fazer por obrigação é algo que não existe para o apaixonado. Muitas coisas com certeza serão árduas, mas o entendimento do porquê a curto ou a longo prazo traz sentido para executar aquela missão. O apaixonado vê potenciais onde ninguém vê, encontra soluções onde outros só veem problemas, investe em pessoas que ninguém investiria, resgata sonhos de

> **QUANDO NÃO HÁ PAIXÃO, A REPETIÇÃO DE UMA ATIVIDADE GERA CANSAÇO.**

desacreditados, torna o ambiente de trabalho prazeroso, é capaz de fazer coisas incríveis!

Se você ler isso tudo e seu coração estiver frio, certamente, não vai entender. O apaixonado vive com o coração aquecido, muito acima da razão, do cognitivo. Ele se manifesta nas atitudes, realiza com o que tem nas mãos e os estudiosos não conseguem explicar de onde vêm essa força e essa criatividade. Ele tem o segredo. A paixão dele consegue conectar os corações e impulsionar pessoas ao redor a realizar acima do que imaginariam ser capazes.

Um grande amigo que trabalha comigo há muitos anos e, hoje, faz parte da diretoria, Fábio Gonçalves, disse o seguinte sobre a paixão: "A paixão é o ingrediente final que faz as pessoas chegarem ao extraordinário. O bêbado e o apaixonado têm algo em comum. E aí pode estar toda a diferença entre sucesso e fracasso: tanto o bêbado como o apaixonado fazem coisas fora da razão, coisas que ninguém sabe explicar. Tanto o bêbado quanto o apaixonado conseguem experimentar coisas que as pessoas que estão sentadas na razão jamais viverão. O bêbado, infelizmente, sai da razão para viver abaixo dela, mas o apaixonado, ao contrário disso, sai da razão para viver acima dela. O apaixonado faz coisas extraordinárias porque vive acima da razão. Nem a técnica nem mesmo a mais sublime razão, por si só, chegarão ao extraordinário. O mundo do extraordinário está acima da razão e é lá que o apaixonado dá um show. Só chegará ao extraordinário aquele que souber conciliar estratégia e paixão!".[14]

---

[14] Acesse o vídeo completo em: https://www.youtube.com/watch?v=dho3mJGGQZ8.

Fantástico, não é? O mais fascinante é que quem escreveu isso foi um analítico detalhista e com uma habilidade admirável de calcular riscos.

Em 2009, o Fábio trabalhava há anos em uma empresa de contabilidade onde tinha parte na sociedade. Essa empresa prestava serviço contábil para a minha. Depois de analisar a paixão que havia nas pessoas que trabalhavam comigo, ele começou a se questionar como isso era possível e por que as pessoas estavam dispostas a dar a vida pela missão. A princípio, achava um absurdo. Como pode alguém, por um salário, viver disposto a qualquer coisa por uma causa?

Como um bom analista, se aproximou dos funcionários e os indagou das mais diversas perguntas. As respostas não faziam sentido racional para ele. Sem ele próprio perceber, a paixão nos olhos de cada um fez com que ele se apaixonasse. E existe sentimento mais fascinante que a paixão por um propósito?

Não demorou muito para ele largar tudo o que tinha construído até ali e vir juntar-se ao time de apaixonados. Paixão não se explica, se vive. Não importa o perfil da pessoa: do analítico ao dominante, a paixão está acima da racionalidade e dos perfis. Também não importa o setor ou a função, o apaixonado é sempre um destaque, é sempre alguém que atrai. É convicto de que dez estratégias sem paixão valem menos que uma estratégia com paixão.

Neste último capítulo, quero apresentar o grande líder do esquadrão, Klaus, um estrategista apaixonado e desbravador capaz de resgatar líderes, fortalecer a cultura e ter uma visão de futuro.

RESGATANDO SONHOS ENTERRADOS

Neste capítulo, quero quebrar um pouco o protocolo e falar diretamente ao seu coração! Entenda que você é um líder. Talvez não tenha um cargo de liderança, mas nem precisa, pois a primeira prática de liderança é ser líder de si mesmo. No cotidiano, há outras formas de liderar: no seu time, na sua casa, na comunidade ou até com seu animal de estimação. Você é líder!

Agora, pergunto: como realmente estão seus sonhos? A minha intenção é que você faça uma análise profunda sobre seus sonhos. Eles ainda brilham em sua mente? Ainda se revelam no seu rosto? Quando você pensa nos seus sonhos, qual sentimento vem em seu coração? Felicidade ou tristeza? Frustração ou convicção?

Sabendo que as pérolas não são encontradas na superfície, mergulhe mais fundo. Em nossa vida, é comum ter momentos de adversidades, dores, lutas, angústias, mas acredite que nada disso pode tirar a alegria dos seus sonhos, pois se ela morrer, tudo morre. Sabe qual é minha maior missão? Resgatar os sonhos daqueles que não acreditam mais que vale a pena sonhar! Aqueles que voltam a sonhar resgatam junto com os sonhos uma multidão, pois sonhos nobres passam por vidas. Resgatar líderes é transformar multidões!

Tenho um amigo muito querido que chamarei aqui de Roberto. Ele montou uma empresa com poucos recursos, mas repleto de paixão – era um sonhador e um conquistador. Em pouco tempo, a empresa cresceu muito, faturando alguns milhões por mês e com um time vibrante. Por causa da correria do dia a dia, ficamos quase um ano sem nos encontrar, até que passamos um dia juntos. Onde estava o Roberto? Onde estavam seus sonhos? Sua paixão? A empresa continuava crescendo, mas no lugar dos sonhos havia o desgaste e os medos. Talvez você, ao pensar nos seus sonhos, também perceba que eles foram tomados pelos seus medos.

Preste atenção! Ainda vamos falar mais sobre como resgatar os sonhos perdidos, mas antes gostaria que você refletisse sobre o seguinte: por que os líderes morrem?

HERÓI KLAUS, O VISIONÁRIO

Liderar a própria vida requer habilidades, muitas habilidades. Mas para liderar um time, é necessária a base forte que relatamos ao longo do livro; e para liderar empresas e apoiar o crescimento, é necessário um grande time de heróis.

Líderes na maioria das vezes morrem porque os problemas e as adversidades os sufocam de tal modo que eles perdem o desejo de continuar realizando seus sonhos. Vejo líderes conquistando, mas sem a mesma paixão. Isso é um sinal de alerta.

O crescimento de uma carreira requer cuidados e manutenção dos sonhos. Seja você um empresário, um cantor, um ator, um profissional liberal, um pastor, um arcebispo etc., é necessário analisar sempre o termômetro da alegria dos seus sonhos. Isso é muito sério, pois o caminho contrário começa com a visão embaçada ou curta do futuro. Falta de visão leva ao sufocamento, que gera tristeza, o primeiro passo para o cansaço. E o cansaço é o caminho para a desistência, ou seja, abandonar seus sonhos e os de todos que acreditaram em você.

Na conversa com Roberto, tentei iniciar o resgate, mas a empresa já estava praticamente vendida, com data marcada para a conclusão do negócio. Foi bem triste para mim ver que o sufocamento estava vencendo e os sonhos, indo embora.

Depois disso, aprendi que deveria lutar ainda mais pelo resgate dos líderes! Afinal, muitas vezes é preciso só uma palavra. Já parou para analisar quantos desistem no meio do caminho? Quantas empresas abrem e fecham em menos de cinco anos? Mais de 70%. Já viu quantos cantores pararam de cantar e fazer músicas? Já observou quantos pastores ou padres abandonaram seu chamado? Líderes estão morrendo porque não estão fincados no propósito. É importante entender que os obstáculos fazem parte do processo, eles geram crescimento e devem ser superados. O obstáculo não existe para travar o sonho. Entender que todas as coisas cooperam para o bem não é tarefa fácil, mas na adversidade isso tem de se tornar real e, principalmente, um aprendizado.

Mesmo no meio do sufocamento existem inúmeras possibilidades: compor uma música, criar estratégias para a empresa, motivar seu time, inspirar uma multidão etc.

Sufocamento é quando as adversidades lhe tiram o prazer de prosseguir a ponto de lhe faltar ar. Obstáculos fazem parte do processo. Ou você celebra em meio a eles e aumenta sua paixão, ou o sufocamento pode matar seus sonhos e limitar sua fé. Esse problema pode acontecer de várias formas, mas todas tiram o prazer de sonhar.

Tenho outra amiga que aqui vou chamar de Paula. Ela é empresária, inteligente e com potencial fantástico, mas também tinha muitos medos e bloqueios. Seu pai faleceu de uma maneira terrível, aumentando ainda mais seus medos e seus questionamentos. Ela recebeu uma herança em bens avaliados em mais de 60 milhões de reais. Quatro anos se passaram da morte do pai e, em uma de nossas conversas, notei que Paula se sentia completamente sufocada: tinha condições financeiras, mas não convicções; tinha capacidade, mas não sonhos. Não queria ter aquela herança, desejava tirar a própria vida, sumir, não encontrava um propósito de vida. Vivia em uma prisão sem grades.

Quando se está sufocado, nem o dinheiro, nem a falta dele, será a solução. Bens materiais apenas potencializam sonhos quando existe um propósito. Os recursos brotam quando se liga sonhos, estratégia e paixão.

Depois de investir tempo em si mesma e em conjunto com o treinamento do Método CIS®, do Dr. Paulo Vieira que indiquei para ela, a Paula foi transformada, hoje é outra pessoa. Como é maravilhoso resgatar sonhos! Sonho é igual à vida, ou você tem ou você está morto sem perceber.

Já observou uma criança que sonha? Ela crê que tudo é possível. É claro que com o tempo as decepções, os nãos e as quedas vão nos tornando mais maduros, porém há quem fique cético e incrédulo. E é aí que entra o problema: as pessoas deixam de sonhar e se tornam frias e sem vida!

Quem não sonha se torna amargo, pessimista, passa a enxergar só os problemas, se torna crítico com tudo e acabam destruindo os sonhos, pois não sonha mais. Está cheio de si e de traumas do passado que o tornou sem vida!

Se você não voltar a sonhar, não fará mais nenhuma diferença aqui! Pare com seus discursos e suas verdades, mergulhe nos seus sonhos, creia que pode fazer a diferença na sociedade. E se se sentir meio louco com isso, não se assuste, você estará no caminho certo! Os normais são iguais, já os diferentes inspiram outras pessoas.

Por que você deve sonhar? Porque o sonho ativa todos os seus sentidos e gera criatividade, vida e determinação! Quem sonha planeja, deseja, busca, vibra, luta, chora, ri, grita, pula, inspira, realiza, sai da inércia e do previsível! Faz a diferença!

O PODER DA VISÃO

Antes de tudo, existe uma visão! Mas, afinal, o que é isso?

Por mais que se fale muito de visão, acredito que muitos ainda não entenderam o que de fato é esse poder e, por esse motivo, se perdem no caminho. Qualquer negócio de sucesso – família, igreja, governo, organização etc. – só poderá ser bem-sucedido se antes de tudo houver uma visão.

Não estou falando de enxergar, mas de outra coisa, porque o maior dom que se pode ter não é o da vista, e sim o da visão. É diferente do que seus olhos podem ver. Enxergar a matéria e tudo ao redor é a capacidade máxima de seus olhos naturais, mas a visão é uma função do coração, ela age no interior, na mente. Os olhos mostram o que é, a visão mostra o que poderia ser. É uma fonte de esperança, o fundamento da coragem, a gasolina para sua persistência.

O grande inimigo da sua visão é sua vista! Porque, em muitas situações, sua vista o faz ser incrédulo, mas a visão, não. A vista é limitada pela capacidade dos olhos. Com a visão, os limites são desconhecidos. A visão estimula. A vista pode deixá-lo deprimido ou com medo, mas a visão o encoraja a prosseguir. A vista limita, o prende a quatro paredes, mas com a visão você vê além.

Com a vista, pode-se ver uma dificuldade como algo horrível, mas a visão a transforma em oportunidade para algo muito maior. A visão dá o poder de transformar. A vista o mantém estático no presente, a visão o projeta para o futuro. Não importa a situação que se está, mas sim a direção para qual está se movendo. E isso só é possível quando há a visão.

Você já viu alguém sair de uma palestra ou um curso empolgado? Pois é, depois de três dias, muitos já estão desmotivados, pois sua vista aponta as dificuldades, e a falta de visão impede a coragem de avançar. A visão é o fundamento do propósito.

> VOCÊ JÁ VIU ALGUÉM SAIR DE UMA PALESTRA OU UM CURSO EMPOLGADO? POIS É, DEPOIS DE TRÊS DIAS, MUITOS JÁ ESTÃO DESMOTIVADOS, POIS SUA VISTA APONTA AS DIFICULDADES, E A FALTA DE VISÃO IMPEDE A CORAGEM DE AVANÇAR. A VISÃO É O FUNDAMENTO DO PROPÓSITO.

Nunca confie nos seus olhos; sua visão é que é sua fonte de esperança.

O livro, na carta aos Hebreus, diz: "[...] vivemos por fé, e não pelo que vemos" (2 Coríntios 5:7). E: "Ora, a fé é a certeza daquilo que esperamos e a prova das coisas que não vemos" (Hebreus 11:1). Isso é visão! Crer em algo que podemos ver qualquer um consegue.

Quantas empresas ou instituições você conhece onde as pessoas não têm motivação nem direção, não têm nada. Não sabem para onde estão indo nem por quê. Estão apenas trabalhando. O livro da Sabedoria diz: "Onde não há revelação divina, o povo se desvia" (Provérbios 29:18).

Onde não existe uma visão de futuro, as pessoas desistem, não são fincadas em um propósito. A visão é tão poderosa que é mais importante que o visionário. O líder pode até ser dispensável, mas a visão dura para sempre, está acima do indivíduo. Em uma liderança existem: a base operacional, o tático intermediário e o topo estratégico, mas a visão está antes disso, na verdade ela é tudo. Tudo é por ela.

Quando não há visão, o povo fica desorientado e existe muito conflito ou passividade. Conflito entre o time é reflexo de distração por não haver um claro direcionamento. Onde há passividade não existe comprometimento.

Quando se tem uma visão, o time sabe para onde está indo. Quando não há, o povo se descontrola. Claro que todas as empresas estão sujeitas a milhões de erros, mas quando você tem uma visão, isso diminui muito. E quando um líder visionário percebe que algum time dele está perdendo a visão, ele precisa atuar com rigor para restabelecer o propósito, nem que para isso seja necessário remover algumas pessoas.

O maior líder de todos os tempos no meu ponto de vista, Jesus, veio para estabelecer a visão. Formou um time para propagar a visão. Não era um time

> **QUANDO SE TEM UMA VISÃO, O TIME SABE PARA ONDE ESTÁ INDO.**

perfeito, mas nada podia mudar sua essência. Mesmo não estando mais na terra, sua visão foi propagada até os dias de hoje. Para construir algo grandioso, você precisa de uma visão e um time de heróis.

É melhor fazer parte de um time visionário que está conquistando junto do que se arriscar em algo que não é seu chamado. Depois de entrar numa visão, você consegue conquistar mais pessoas para seguir. E nesse momento, começa seu legado!

Ter a capacidade de gerar a visão em outras pessoas é algo muito poderoso. As pessoas vão dizer: "Você gerou uma visão sobre mim que eu mesmo não tinha".

A real multiplicação só existe quando pessoas multiplicam a visão. Quando estão em unidade nisso, nada é impossível, portanto, nunca permita mais de uma visão dentro de um propósito.

TRÊS PONTOS FUNDAMENTAIS DE UM VISIONÁRIO

Em uma conversa com meu amigo Raduan Melo, sócio da PWR Gestão, ele citou três pontos fundamentais na missão de um grande líder à frente de uma organização. Todo CEO, líder de instituições ou quem possui uma grande equipe, precisa entender que, de todas as funções que precisa executar, as três seguintes são as mais importantes na blindagem da visão e do sistema como um todo.

GARANTIR A CULTURA DA EMPRESA

Assegurar que a cultura continue existindo (esteja blindada) é uma missão importantíssima do líder visionário. Com o crescimento ou com o passar do tempo, se não houver estratégias de propagação da cultura e da história, corre-se o risco de a essência da empresa ser perdida.

> TER A CAPACIDADE DE GERAR A VISÃO EM OUTRAS PESSOAS É ALGO MUITO PODEROSO. AS PESSOAS VÃO DIZER: "VOCÊ GEROU UMA VISÃO SOBRE MIM QUE EU MESMO NÃO TINHA".

O líder visionário é o bastião da empresa. Ele tem de garantir que tudo que ocorra dentro da empresa esteja realmente afinado e respaldado pela cultura do negócio. É um ciclo que se retroalimenta: a cultura define a operação e a operação fortalece a cultura. Apenas um grande líder com a visão sistêmica consegue garantir isso.

GERENCIAR O TIME INTERMEDIÁRIO

É preciso administrar a gestão intermediária para que ela viva a cultura e faça coisas ainda maiores, em especial no processo de crescimento do negócio. O líder sobe para o nível estratégico e precisa de maestria no tático do negócio.

Deixe-me contar um pouco mais da história do Roberto. Com o crescimento acelerado da empresa dele, ele se desdobrava em mil para fazer tudo, do operacional ao estratégico. O maior motivo para líderes morrerem é não formarem outros líderes competentes para se comunicar com o operacional.

Mas como acelerar o crescimento sem morrer sufocado?

Há uma história de um cara que liderava uma grande multidão: o nome dele era Moisés. Certo dia, seu sogro, chamado Jetro, foi até ele e começaram a conversar. Moisés relatou todas as suas conquistas e como era um cara abençoado, pois, por mais que tivesse passado por muitas lutas, havia vencido todas junto com seu povo. Moisés, Jetro e mais uma turma celebraram naquele dia. No dia seguinte, Moisés passou o dia inteiro orientando todo o povo e atendendo a todos. Jetro observou cada detalhe, chamou Moisés e questionou: "Por que está agindo assim? Por que está resolvendo sozinho os problemas do povo, com todas essas pessoas em pé ao seu redor, desde a manhã até a noite?".

Moisés respondeu: "Tenho de fazer isso porque as pessoas vêm falar comigo para saber o que Deus quer. Quando duas pessoas têm uma questão, elas vêm aqui para que eu resolva quem está certo. E explico os mandamentos e as leis de Deus a todos".

Jetro estava conversando com um líder de multidões. Imagine-se à frente de uma grande equipe com sua missão e todos indo até você para resolver problemas ou questionamentos. Até que Jetro foi firme com Moisés dizendo que o que ele estava fazendo não era bom e se ele permanecesse assim morreria com todo o seu povo. Falou ainda que aquele negócio era muito difícil para ele, e sozinho ele não conseguiria continuar.

Essa para mim é uma das maiores lições de liderança da Bíblia, dentre incontáveis outras riquíssimas. Jetro oferece um ensinamento simples, mas que a maioria dos líderes não faz e morre por isso. É algo extremamente poderoso: "Está certo que represente o povo diante de Deus e também que leve a Ele os problemas deles. Deve ensinar-lhes as leis de Deus e explicar o que devem fazer e como devem viver". Isso é visão e direcionamento.

"Mas precisa escolher alguns homens capazes e colocá-los como líderes do povo: líder de mil, de cem, de cinquenta e de dez. Devem ser homens que temam a Deus, que mereçam confiança e que sejam honestos em tudo. Serão eles que sempre julgarão as questões do povo. Os casos mais difíceis serão trazidos a você, mas os mais fáceis, eles mesmos poderão resolver. Assim será melhor, pois eles o ajudarão nesse trabalho pesado. Se fizer isso, e se for essa a ordem de Deus, não ficará cansado, e todos poderão ir para casa com suas questões resolvidas."

É isso! A melhor maneira de sustentar e fazer crescer uma missão valiosa é preparar grandes líderes. Eles otimizarão o resultado, o protegerão, acompanharão, resolverão problemas, e apenas 5% dos problemas chegarão a você – os que de fato só você pode resolver –, enquanto 95% serão resolvidos por líderes capazes. Eles o representarão. Seja um líder de heróis!

Moisés aceitou o conselho de Jetro e escolheu homens capazes entre todos os israelitas. Ele os colocou como líderes de mil, de cem, de cinquenta e de dez. Eles sempre julgaram as questões do povo, resolvendo as mais fáceis e trazendo para Moisés as mais difíceis. Então, Moisés se despediu de Jetro, que voltou para casa.

Moisés teve a "virada de chave", e tudo mudou. Um líder tem de saber inspirar, ensinar, observar potenciais, recrutar, delegar e acompanhar. Errar na liderança faz parte – eu tenho incontáveis erros –, mas preparar um grande

> **A MELHOR MANEIRA DE SUSTENTAR E FAZER CRESCER UMA MISSÃO VALIOSA É PREPARAR GRANDES LÍDERES.**

> **MUITOS LÍDERES MORREM HOJE PORQUE NÃO CONSEGUEM SUPRIR TODOS OS PROBLEMAS E NÃO TÊM PARA QUEM DELEGAR.**

time é obrigatório para quem quer sobreviver na jornada. Eu sozinho não teria conseguido quase nada, tampouco teria tempo para escrever este livro, pois estaria sufocado com mil atividades.

Muitos líderes morrem hoje porque não conseguem suprir todos os problemas e não têm para quem delegar. As pressões externa e interna sufocam os sonhos, tirando a alegria. No meio disso tudo há os liderados, sedentos por uma direção que os leve a conhecimentos, experiências e um plano de carreira. São dependentes da visão do líder para corrigir seus erros e do ensinamento para projetar seu crescimento.

Um líder que não quer morrer precisa ter alicerces, pessoas capacitadas para orientá-lo e para quem delegar funções. Toda instituição que cresce tem três partes da pirâmide: a base é o operacional, o meio é o tático e a parte de cima é o estratégico. Com o time tático muito bem qualificado, o grande líder terá tempo para focar no estratégico da empresa, ou seja, pensar a longo prazo.

VISÃO DE LONGO PRAZO

Cada líder tático ou estratégico da empresa tem seus indicadores de resultado. Esses indicadores, em geral, estão ligados a um desempenho de curto ou médio prazo, mensal, trimestral ou no máximo anual. Cabe ao grande líder dar uma orientação não apenas sobre o ano corrente, mas sobre os anos seguintes. Ele não pensa apenas em curto e médio prazos, mas em uma visão de longo prazo. Precisa considerar que os acontecimentos do presente não são bons só para aquele mês ou semestre, mas no que é melhor para a empresa gerar perpetuidade do negócio. Isso é visão de longo prazo.

O PODER DAS CONEXÕES

Se tem algo que um visionário naturalmente tem é o poder de fazer conexões. Enxergar o futuro e se conectar com as pessoas certas enriquece uma jornada triunfante. Mais do que isso, há o poder catalisador. É como se alguém encontrasse areia de um lado, água do outro lado e transformasse tudo em cimento. É juntar as pessoas certas para fazerem coisas extraordinárias. Ter sensibilidade – que é bem diferente de ser bajulador – do momento de agir e conectar-se com pessoas que estão ligadas ao seu propósito, seus valores e seus princípios. É ter a habilidade de fazer relacionamentos com profundidade e criar projetos que gerem valor para sua missão ou seu negócio.

O poder das conexões se torna real quando todos ganham. E, muitas vezes, o ganho é estar perto de alguém sábio, pois sabedoria vale mais que ouro.

Conhecimento e sabedoria são coisas diferentes. Conhecimento é o conteúdo adquirido que se pode ter ao longo da vida, sabedoria é ter a sensibilidade, a inteligência emocional e a inspiração em Deus para usar o conhecimento no momento exato e de maneira sábia.

Conhecimento sem sabedoria traz questionamentos e falta de habilidade de lidar com diversas situações. Por isso, seu conhecimento pode ser seu grande aliado ou seu maior vilão. Sabedoria é a habilidade de reconhecer as diferenças, a chave para atravessar essa porta. E muitas vezes, conexão com pessoas sábias (dentro de nossa visão) nos ajuda a potencializar o futuro.

TRÊS CARACTERÍSTICAS DO REI DA SELVA

Já parou para pensar porque o leão é rei?

Ele é o mais forte? Não. É o maior? Não. É o mais alto? Não. É o mais rápido? Não. Se não é o mais forte, não é o maior, não é o mais alto, não é o mais rápido, por que ele é o rei?

O leão tem diversas características que demonstram o motivo de ele ser o mais respeitado na selva, mas destacaremos três que têm total ligação com a liderança de um visionário.

IMPONÊNCIA

Os leões ostentam um rugido possante e atemorizador que faz todos os integrantes do reino animal temerem e tremerem perante essa estrondosa e ensurdecedora trovoada.

O rugido do leão pode ser ouvido a até 9 quilômetros de distância, podendo atingir até 115 decibéis.[15] Tão alto quanto um concerto de rock. Ele não é apenas ouvido, mas sentido também. O rugido começa com a projeção dos músculos que passam pelas costelas, numa contração que passa o ar a 80 quilômetros por hora até chegar às pregas vocais. E na caixa acústica do céu da boca, o som aumenta em intensidade e velocidade, fazendo uma explosão de som.

Toda a postura do leão comunica que ele é o rei. O corpo, o olhar, o rugido, o conjunto o diferencia dos demais animais. Trazendo isso para a liderança,

---

[15] "10 curiosidades sobre leões" UOL. [S. l.], 2010. Disponível em: http://guiadoscuriosos.uol.com.br/categorias/2010/1/10-curiosidades-sobre-leoes.html. Acesso em: 3 jun. 2019.

pergunto: você transmite imponência? Há algo muito importante no leão: ele sabe que é um leão.

O que acontece muitas vezes é que os próprios líderes limitam sua capacidade. E muito. Duvida? Imagine a seguinte situação comigo. Suponhamos que você mora no terceiro andar de um prédio e que, a três quadras, tem um aeroporto. Nesse momento, você está no apartamento e eu pergunto: quanto tempo você leva para chegar ao aeroporto?

Quanto você diria? Provavelmente, calcularia abrir a porta de casa, pegar o elevador, passar pela portaria, sair na rua, andar as três quadras e chegar; talvez uns dez minutos.

Agora, imagine que, quando você sai de casa, o faxineiro do prédio está lavando seu andar e as escadas, o elevador não está funcionando por queda de energia, a portaria está cheia de cacos de vidro por causa de uma garrafa de água quebrada e a quadra seguinte está interditada por causa de um tiroteio. Pergunto novamente: quanto tempo você levaria para chegar ao aeroporto?

Você pensaria em cada obstáculo e com certeza esse tempo no mínimo dobraria ou talvez você até desistisse no caminho. Agora imagine esse mesmo cenário com todos esses obstáculos, mas em outra situação: você recebe uma ligação dizendo que alguém raptou um familiar seu muito amado e que ele está na entrada do aeroporto e, se você não chegar em seis minutos, nunca mais o verá. Você chegaria nesses seis minutos?

Em todos os testes que fiz até hoje, todos disseram que sim. Mas e a escada molhada sendo lavada com sabão? E o elevador parado? E os cacos de vidro na portaria? E o tiroteio na rua? A verdade é que você não enxergaria nada disso, pois estaria obcecado em ver a pessoa que ama!

A grande realidade é que, em nosso dia a dia, muitas vezes estamos muito longe de dar 100%. Essa simples história prova que podemos muito mais quando temos uma prioridade que comunica com profundidade os nossos sentimentos internos mais profundos. Quando desejamos algo tão forte quanto o processo do rugido e do estrondo que o leão faz, conseguimos coisas inacreditáveis.

Imagine se você se pendurasse em uma barra na academia: quanto tempo você conseguiria ficar pendurado? Talvez três ou cinco minutos. Agora, imagine-se na mesma barra, só que na ponta de um precipício, e o resgate chegará em 15 minutos. Será que consegue aguentar? É provável que sim. A ligação do nosso cérebro com nosso corpo pode produzir coisas que nunca antes imaginamos.

Há histórias de mães que, ao ver um filho debaixo de um carro, conseguiram levantar o veículo! O fato é que temos muito mais força do que imaginamos, mas não usamos quase nada, pois nossa mente coloca obstáculos – eles podem até existir, mas decidimos se vamos focar neles.

Você é capaz de muito mais do que imagina! Convido-o a analisar agora tudo o que faz e o desafio a superar tudo. Você pode muito mais! Se ainda não enxerga isso, aumente seu desejo pela conquista. Aumente sua força, sua intensidade, sua comunicação, sua objetividade, seu desejo por liderança. Você pode muito mais! Seja mais corajoso, seja forte e corajoso, não desanime, avance! Mude imediatamente, e tudo mudará ao seu redor! Nunca se esqueça disso: você pode muito mais sempre!

A riqueza maior não está apenas em acreditar no seu avanço, mas em potencializar as vidas do seu time, fazendo os integrantes enxergarem quão alto podem chegar. Um líder visionário carrega um grande time com ele até o topo.

ANTECIPAÇÃO

Os leões não esperam as coisas acontecerem, mas criam os fatos, de modo que jamais são surpreendidos, apenas porque agem no presente pensando no futuro.

Os leões se preparam meticulosamente contra eventuais ataques que podem ameaçar a segurança do bando. Organizam numerosas maneiras de proteger a tribo de predadores agressivos e implacáveis, executando uma estratégia antecipatória e planejada.

No mercado, essa visão tática do porvir também é fundamental para que o líder consiga prever algumas variáveis negativas que de vez em quando podem vir a surgir.

Antecipação requer atitude. O inimigo do visionário é a zona de conforto e a satisfação enganosa. Assim como a selva, o mercado tem seus predadores, exige estratégias, e quem visualiza o futuro terá mais chance de se preparar e conquistar.

O RISCO DA ZONA DE CONFORTO

Parece estranho falar de zona de conforto para um líder, pois, em geral, eles sabem e desejam conquistar. Mas o que pode ocorrer é, em vez de se antecipar a coisas futuras, ficarem olhando suas conquistas passadas.

Há uma lição de liderança bem interessante, a história do povo de Israel que, depois de muita luta e conquistas impressionantes, conseguiu sair do Egito (pois lá era escravo) e partiu para um lugar onde havia abundância e maravilhas, uma terra prometida. No meio do caminho, havia um deserto para atravessar. O tempo foi passando e o povo começou a se acostumar com o deserto. Perceba que esse povo, por meio do seu líder, já tinha vivenciado coisas extraordinárias, mas passou a reclamar da travessia e a gostar do deserto. Um líder visionário deve sempre blindar seu coração para não perder a visão. O Livro relata que o povo passou a morar no deserto, plantar, viver aquela vida confortável.

Vou falar uma coisa sobre isso, finque-a em sua mente: zona de conforto é a raiz de todas as derrotas. É um lugar de frustração. Observe que quando alguém não vence por estar na zona de conforto, ou seja, sem nem tentar, se frustra porque outro conseguiu. Um atleta ou uma pessoa que malha todo dia e tem um corpo saudável, que mantém sua dieta rigorosa e que gera resultado, será criticado por alguém que está mal fisicamente. Por que não se inspirar e fazer igual? Porque é mais fácil criticar do que levantar para conquistar. E se pararmos para pensar, há críticos de plantão para falar da saúde, da vida profissional, das coisas de milionários que conquistaram, e por aí vai: sempre haverá quem se incomode sem motivos. Na verdade, o motivo é que a zona de conforto gera frustração.

Voltando à história do povo de Israel, ali no meio havia um líder chamado Josué. Era um visionário. Antecipou e mandou espiar a terra onde desejava conduzir o povo. Verificou que a terra era mesmo maravilhosa, contudo constatou que lá haviam adversários maiores e problemas novos a serem resolvidos. Separando bem as pessoas que desejavam conquistar, conduziu o povo a essa terra de abundância.

Um visionário precisa estar atento para antecipar-se e preparar um planejamento para agir. Não importam os desafios maiores, para conquistar algo grandioso, é necessário sair da zona de conforto e conquistar! Antes da conquista, é preciso se antecipar e "espiar", estudar os passos de onde se quer chegar. Isso fará uma grande diferença na sua trajetória.

Um visionário não necessariamente precisa saber o que ele vai fazer daqui a dez anos, mas sim onde estará. O restante, ele aprenderá no caminho.

FOCO

O leão pode sentir a respiração dos outros animais à noite. Para entender isso, é preciso ter a noção do foco desse animal. As pupilas dos leões podem dilatar até três vezes mais que as de um ser humano. Os olhos de um leão podem captar mais luz que um óculos de visão noturna e muito mais luz que os de outros carnívoros.

Foco e concentração: é isso que um líder precisa ter. Imagine-se com uma sensibilidade tão grande que, na respiração de alguém, consegue enxergar muita coisa. Ter concentração aumenta demais suas possibilidades de assertividade.

Há uma dica valiosa para melhorar o foco. O que você precisa fazer é ensaiar como se tivesse valendo. Pode até parecer ridículo, mas quando eu era vendedor, ficava em casa em frente ao espelho ensaiando, treinando, me aprimorando, como se fosse para valer, e isso funciona para tudo. Além de trazer mais segurança e preparo, a concentração será muito melhor, pois as distrações não vão tirar o foco. Experimente ensaiar! Visualize como se estivesse valendo e dê seu melhor, com sentimento e vida.

Vou dar um exemplo na área da música. Há um filme chamado *O rei do show*, baseado em fatos reais; assisti ao ensaio de uma das músicas no YouTube. Vale a pena ver para entender bem o que eu estou falando. É contagiante! Poderia ser um simples ensaio, mas não, houve entrega!

Quer fazer algo extraordinário? Não poupe no ensaio, dê seu melhor. Contagie, nem que seja a você mesmo! Isso é poderoso e, sem dúvidas, quando chegar a hora, você dará um show!

RESUMO DE LIDERANÇA

PAIXÃO É A CHAVE DA LIDERANÇA.
ESTRATÉGIA É O MAPA DA LIDERANÇA.
COMUNICAÇÃO É A FORÇA DA LIDERANÇA,
VISÃO É O PROPÓSITO DA LIDERANÇA.

Te convido a acessar o meu site. Lá você encontrará testes de perfis, de liderança, treinamentos gratuitos, além de conhecer um pouco mais sobre o mim.

Acesse: **LM7.com.br**

GRATIDÃO

Estamos chegando ao final do livro, e eu gostaria de agradecer muito pelo carinho e pela leitura até aqui. Tudo o que escrevi foi baseado em minhas experiências de vida, no contato com pessoas que me ensinaram e, principalmente, nos ensinamentos do maior líder de todos os tempos, Jesus. Preciso melhorar cada dia mais, corrigir erros e falhas e sempre buscar conhecimento, pois liderança sempre se inicia, mas nunca se acaba, é um aprendizado eterno.

Se me permite, quero contar uma última história em que acredito muito. Certa vez, eu estava no Texas, Estados Unidos, na casa de um sábio amigo chamado Dr. Mike Murdock. Estávamos sentados na sala e eu, concentrado para absorver o máximo de sabedoria, o ouvi contar a história de uma menina, chamada Rachel, que frequentava a igreja que ele liderava, junto com os pais.

Mike contou-me que quando a menina completou cinco anos, ele deu uma boneca vestida de rosa para ela. Rachel abraçava a boneca, vibrava, agradecia, seus olhos brilhavam de tanta felicidade. Ao ver aquela cena, e sabendo que Rachel amava a cor rosa, no ano seguinte, Mike deu uma bicicleta rosa para ela. Da mesma maneira, ela expressou imensa felicidade e gratidão pelo presente. Ao ver aquilo, o coração do Mike se alegrou muito e isso o inspirava a fazer sempre mais por ela. E foi assim durante anos. Na adolescência, Mike deu um iPad rosa para ela e a reação foi a mesma: vida, entusiasmo e imensa gratidão.

Ele me disse: "Os gratos sempre serão felizes". A maior lição foi quando ele me fez refletir sobre pessoas ingratas, falando: "Imagine uma mãe ou um pai que dá um presente para um filho e este nem agradece direito ou, quando ganha, acha legal, mas logo depois o presente está largado no chão de qualquer jeito e sem ser utilizado. Qual é o sentimento que fica no coração dessa mãe ou desse pai? Leandro, um pai e uma mãe sempre desejam dar presentes para um filho grato, não importa quão simples sejam, isso alegra o coração dos pais".

Ele concluiu: "Se um pai ou uma mãe que são falhos e humanos se alegram, ou até eu que me alegrei tanto em dar presentes para Rachel, imagina como Deus, que pode todas as coisas, tem prazer em nos presentear? Deus não tem problema em dar presentes, Ele tem prazer em fazer isso. Mas assim como um pai se entristece quando vê um filho ingrato, imagina o que Deus deve pensar?".

Essa conversa foi poderosa para mim. No decorrer da vida, Deus nos dá muitas oportunidades e presentes, mas por quanto tempo agradecemos e por quanto tempo ficamos apenas pedindo mais? O poder de receber está diretamente ligado à gratidão. Gratidão é o maior princípio da prosperidade, e isso tem de vir do fundo do seu coração, tem de pulsar em você.

Abra seu coração e seja grato! Gratidão cura e fortalece a mente, muda a maneira de enxergar tudo ao seu redor. Juntamente com a gratidão vem o amor. O amor quebra o medo, traz verdade, compaixão e confiança. O amor tem no seu princípio o servir. Liderança que não serve não é boa para nada.

O Livro diz que, de tanto se aumentar a maldade, o amor de muitos esfriará. E isso tem acontecido cada vez mais. Talvez você diga: "Mas eu erro muito, eu falho muito". Digo que eu também, mas não deixe de acreditar no amor, não deixe de ser grato, não deixe de crer nas pessoas. Vale a pena!

Em um próximo livro, contarei detalhes da minha história. Acredito que todos se surpreenderão muito. Tenho todos os motivos para não acreditar em pessoas, mas não só acredito, como amo e cuido. Valeu, vale e sempre valerá a pena. Afinal, de que adianta conquistar um império e não deixar um legado?

AGRADECIMENTOS

FAMÍLIA

Muita gratidão aos meus pais, que me ensinaram valores e princípios que serviram de coluna para o crescimento e a missão. Agradeço a minhas irmãs, que são motivo de orgulho para mim.

ESPOSA

Obrigado, Gabi, por me inspirar com sua sabedoria, seu cuidado e seu amor.

TIME

Sou muito feliz por ter um time de valentes! Leais e apaixonados, Elias, Paula, Fabio, Rafael, Anilton, Diego (Diesel), Robson, Regina, Allan e outros extraordinários são o motivo de nossa jornada ser triunfante e divertida.

AMIGOS

Não poderia deixar de agradecer a todos os amigos que me acompanham com carinho, as mensagens e as lindas palavras.

MENTORES/REFERÊNCIAS

Todo líder precisa de referências e mentoria. Sou abençoado em ter pessoas que me ensinam e agregam demais em minha vida. Líderes da área de gestão à área espiritual, estes contribuem demais em minha vida: Paulo Vieira, Jackson Antonio, Ezenete Rodrigues, Felipe Valadão e Raduan Mello.

DEUS

Por Ele e para Ele são todas as coisas!

AGRADECIMENTOS

Minha imensa gratidão ao Deus da minha vida. Ele é maravilhoso, conselheiro, Deus forte, Pai da Eternidade e Príncipe da Paz!

Deixo aqui um trecho traduzido da música "Can't Live a Day" do Avalon, que reflete o que sinto por Ele:

"Eu poderia viajar o mundo

Ver todas as belas e novas maravilhas

Elas apenas me fariam pensar em Ti

E eu poderia ter tudo que a vida oferece [...]

Tu és a razão de tudo o que eu faço

Não posso viver um dia sem Ti

Jesus, eu vivo porque Tu vives

Tu és o ar que eu respiro

Jesus, eu tenho porque Tu dás

Tu és tudo para mim" [16]

---

[16] Você pode assistir ao clipe desta música em: https://www.youtube.com/watch?v=EjyMY5hdU84

Este livro foi impresso
pela Edições Loyola
em papel pólen bold
70g em março de 2023.